GUERRE
DE
CÉSAR ET D'ARIOVISTE
ET
PREMIÈRES OPÉRATIONS DE CÉSAR
EN L'AN 702

PAR

LE COLONEL STOFFEL

PARIS
IMPRIMERIE NATIONALE

M DCCC XC

GUERRE

DE

CÉSAR ET D'ARIOVISTE

ET

PREMIÈRES OPÉRATIONS DE CÉSAR

EN L'AN 702

GUERRE

DE

CÉSAR ET D'ARIOVISTE

ET

PREMIÈRES OPÉRATIONS DE CÉSAR

EN L'AN 702

PAR

LE COLONEL STOFFEL

PARIS

IMPRIMERIE NATIONALE

M DCCC XC

GUERRE

DE

CÉSAR ET D'ARIOVISTE

DÉTERMINATION
DU CHAMP DE BATAILLE.

I

ÉTUDE DES OPÉRATIONS DE LA CAMPAGNE.

DONNÉES ET RENSEIGNEMENTS.

La guerre de César et d'Arioviste est racontée dans le livre Ier de la *Guerre des Gaules,* chapitres 31 et suivants; mais la relation dictée par César est si sobre de détails stratégiques, qu'après l'avoir lue on n'est fixé ni sur la marche des armées, ni sur le théâtre des opérations, ni, par conséquent, sur le lieu où fut livrée la bataille finale. Nous nous proposons de montrer comment une étude raisonnée de cette relation nous a conduit à reconstituer les manœuvres de la campagne et à fixer la position du champ de bataille.

Les *Commentaires* ne fournissent, en substance, que les renseignements suivants :

1° César ayant appris qu'Arioviste, en mouvement avec toutes ses troupes, s'était déjà avancé de trois journées de marche au delà de son territoire pour s'emparer de Vesontio (*Besançon*), résolut de le prévenir, marcha jour et nuit, et occupa cette place importante. (*Guerre des Gaules*, I, 38.)

2° Quelques jours après, César partit de Vesontio et se porta à la rencontre d'Arioviste. Pour ne pas traverser une contrée montueuse et boisée, il la contourna en faisant un circuit de plus de cinquante milles (*74 kilomètres*) dans un pays ouvert, reprit ensuite le trajet direct, et, le septième jour d'une marche non interrompue depuis son départ de Vesontio, campa à vingt-quatre milles (*35 kilomètres 1/2*) de l'armée ennemie. (*Guerre des Gaules*, I, 41.)

3° Il y avait là une vaste plaine dans laquelle s'élevait, à une distance presque égale du camp de César et de celui des Germains, un tertre assez grand. (*Guerre des Gaules*, I, 43.)

4° Après des pourparlers sans résultat, Arioviste se mit en marche et vint prendre position au pied des montagnes, «sub monte», à six milles (*9 kilomètres*) du camp romain; puis, le lendemain, il le dépassa de deux milles (*3 kilomètres*), interceptant à César, par cette manœuvre, les communications avec la Séquanie et le pays des Éduens. (*Guerre des Gaules*, I, 48.) César, pour rétablir ses communications, retrancha un petit camp dans une position favorable, «castris idoneum locum delegit», au delà de celle qu'occupaient les Germains, environ à six cents pas (*900 mètres*) de distance, et y mit deux légions et une partie des troupes auxiliaires. (*Guerre des Gaules*, I, 49.)

5° La bataille amena la défaite des Germains. Poursuivis par la cavalerie, ils ne cessèrent de fuir qu'arrivés au Rhin, en un lieu distant de cinquante milles (*74 kilomètres*) du champ de bataille. (*Guerre des Gaules*, I, 53.)

A ces renseignements, tirés des *Commentaires*, nous en ajouterons un autre, emprunté à Plutarque : c'est qu'avant la bataille, les Germains campaient sur des hauteurs. (*Vie de César*, 19.)

On voit quelle est l'insuffisance de ces indications pour qui cherche à reconstituer la guerre de César et d'Arioviste. Elles ne fournissent que deux noms géographiques : Vesontio et le Rhin; et comme on ignore ce qu'il faut entendre par le territoire d'Arioviste, on est dans l'impossibilité de déterminer, même approximativement, d'où venait le roi germain et quelle est la contrée qu'il atteignit après les trois jours de marche relatés au chapitre 38.

Les données qui ont trait à la marche de César sont tout aussi obscures. Quelle est la région montueuse et boisée qu'il évita par un détour de cinquante milles exécuté dans un pays ouvert? Quelle direction a-t-il suivie une fois ce détour achevé, et où parvint-il au bout de sept jours d'une marche non interrompue? Où trouver la vaste plaine qui s'étendait entre les deux camps ennemis, et le tertre de l'entrevue racontée aux chapitres 43 et suivants? Quelles sont les hauteurs où, d'après Plutarque, les Germains campèrent avant la bataille?

A considérer le laconisme du récit de César, il n'est pas étonnant que les savants et les militaires, qui ont essayé de déterminer les opérations de cette guerre, n'aient point réussi dans leurs recherches, et qu'ils aient placé le champ de bataille dans les contrées les plus opposées : à l'ouest des Vosges, à l'est, et même en Suisse. Voici par quelle série de déductions nous sommes arrivé à résoudre le problème.

On écartera d'abord les différentes hypothèses qui portent le théâtre de la guerre en Suisse ou à l'ouest des Vosges, hypothèses dues à des auteurs qui ont donné un sens inexact à la phrase par laquelle César fait connaître la fuite des Germains vers le Rhin : « Ita prœlium restitutum est, atque omnes hostes terga verterunt neque prius fugere destiterunt, quam ad flumen Rhenum milia passuum ex eo loco circiter quinquaginta pervenerunt. » (*Guerre des Gaules*, I, 53.) Ces auteurs ont compris que César indiquait là, par les mots *quinquaginta milia*, l'éloignement, c'est-à-dire la plus courte distance, du champ de bataille au Rhin, interprétation qui serait juste s'il était dit ou prouvé ailleurs, dans la narration latine, que les Germains s'enfuirent vers le fleuve directement, par la ligne la plus courte. Mais, par elle-même, la phrase citée plus haut n'oblige nullement à admettre que la ligne de fuite ait été perpendiculaire au cours du Rhin, et elle ne le fut effectivement pas, comme on pourra s'en convaincre plus loin par notre exposé des opérations.

On regardera comme non douteux, *a priori*, que la bataille fut livrée en Alsace, la seule contrée, à plusieurs marches de Besançon, où se rencontre une vaste plaine, comme l'exige le texte, et qu'Arioviste, d'où qu'il vînt, se dirigeait du nord au sud, dans cette plaine comprise entre le Rhin et les Vosges.

LIGNE DE MARCHE DE CÉSAR.

César avait donc à gagner la plaine de la haute Alsace. Pour s'y rendre, de Besançon, par le trajet le plus direct, il aurait fallu remonter la vallée du Doubs jusqu'à Montbéliard et continuer à marcher dans la même direction vers le nord-est; ou, sinon, suivre, entre le Doubs et l'Oguon, la route de Besançon à Belfort par Marchaux, Soye et Arcey. (Voir *planche 1*.) Cette région, partie intégrante de la chaîne du Jura, est très accidentée, très boisée, et tout porte à croire qu'elle était, à l'époque de la guerre des Gaules, d'un parcours des plus difficiles. Puisque César nous apprend qu'il fit, à partir de Besançon, un circuit de cinquante milles (*74 kilomètres*) dans un pays ouvert, n'est-il pas naturel d'en inférer qu'il contourna justement cette région montueuse, couverte de forêts? Le chiffre de cinquante milles, donné par les *Commentaires,* serait rigoureusement exact; car on fait le tour du massif dont il s'agit, en passant par Voray, Rioz, Filain, Vallerois-le-Bois, Villersexel et Arcey, ce qui représente une marche de 74 à 75 kilomètres. A partir d'Arcey, on gagne sans difficulté la trouée de Belfort, vaste dépression de terrain séparant les Vosges des contreforts septentrionaux du Jura, lesquels s'effacent insensiblement dans les plaines du Rhin. César, parvenu vers Arcey, n'avait donc qu'à continuer sa marche, par trajet direct, sur Belfort et Cernay, puis à s'avancer, en plaine, entre les Vosges et l'Ill.

OÙ CÉSAR ARRIVA LE SEPTIÈME JOUR DE MARCHE.

On se demandera maintenant où, d'après les probabilités, César était arrivé lorsqu'il apprit qu'Arioviste campait à vingt-quatre milles de distance. Il fait connaître que l'armée romaine avait marché sept jours de suite, c'est-à-dire sans un seul jour de repos intermédiaire. Pourquoi mentionnerait-il ainsi la continuité de sa marche si ce n'était pas pour indiquer qu'il avait hâte d'atteindre l'ennemi? Sachant, en effet, que les cent cantons des Suèves entreprenaient de passer le Rhin, il avait déjà senti le besoin de faire diligence, lors de son départ du pays lingon, pour prévenir leur jonction avec les vieilles troupes d'Arioviste, et dès ce moment il avait marché à grandes journées. (*Guerre des Gaules*, I, 37.) A cette première raison de joindre promptement l'ennemi, venait s'en ajouter une autre, d'ordre moral, tout aussi forte. Pendant les jours qu'elle passa à Vesontio, l'armée romaine avait été saisie d'une terreur panique aux récits des habitants et des marchands qui dépeignaient la haute stature des Germains, leur férocité, leur valeur indomptable. On avait informé César que s'il persistait dans son projet de guerre contre Arioviste, les soldats désobéiraient à ses ordres et refuseraient de le suivre. Dans cette situation critique, il avait convoqué une assemblée où furent admis les centurions de toutes les classes et, par une harangue restée célèbre, il avait relevé les courages jusqu'à inspirer aux troupes une vive ardeur de combattre. Connaissant l'influence de l'opinion à la guerre, il ne pouvait manquer, dès lors, de profiter de la merveilleuse révolution qui s'était opérée dans leur esprit. Pour cela, il fallait mettre l'armée en mouvement sur-le-champ, ce qu'il fit, et la porter au plus vite à la rencontre de l'ennemi. Tels sont certainement les motifs de cette marche continue de sept jours, qui doit être regardée comme un effort extraordinaire imposé à des troupes.

Si nous signalons ces motifs, c'est qu'ils permettent de supputer la longueur du trajet de l'armée romaine par celle des étapes journalières. On remarquera en effet deux choses. Premièrement : puisque César avait hâte d'atteindre Arioviste, tant pour l'intimider par une subite arrivée avant la jonction des renforts germains que pour profiter des bonnes dispositions du soldat, on ne devra pas compter des étapes trop courtes. Secondement : César n'a pas écrit, comme il le fait toujours à l'occasion (exemple : *Guerre des Gaules*, 1, 37), qu'il marcha à grandes journées, « magnis itineribus »; par conséquent on n'admettra pas de très fortes étapes. Cette double considération engage à adopter, pour la longueur moyenne des sept marches effectuées depuis Vesontio, celle de 27 kilomètres, un peu plus ou un peu moins, ce qui donne 189 kilomètres pour la distance parcourue en sept jours. Si on reporte cette longueur totale sur la ligne de marche indiquée plus haut, laquelle, partant de Besançon, contourne le Jura jusqu'à Arcey, passe à Belfort et à Cernay, et longe le pied du versant oriental des Vosges dans la direction marquée aujourd'hui par les vestiges d'une chaussée romaine qui remplaça, après la conquête des Gaules, une voie celtique [1], on aboutit à la région comprise entre

[1] Ces vestiges sont très apparents entre Aspach-le-Bas et Wittelsheim. Il existe, de temps immémorial, une route de plaine le long du versant oriental de la chaîne des Vosges : c'était une voie de communication toute naturelle. Elle s'est appelée, selon les temps, et s'appelle encore, selon les contrées qu'elle traverse, *Herweg*, *Römerstrasse*, *alte Kaiserstrasse*, *alte Landstrasse*.

Colmar et Schlettstadt, ou, plus exactement, entre Ostheim et Gemar. Selon toute probabilité, César, le septième jour de marche, posa donc son camp dans cette partie de la plaine de la haute Alsace, sur la rive gauche de la Fecht, rivière qui a de l'eau toute l'année. (Voir *planches 1 et 2.*)

POSITION D'ARIOVISTE À L'ARRIVÉE DE CÉSAR.

En conséquence du chapitre 41 du livre Ier de la *Guerre des Gaules*, César, le septième jour, apprit par ses éclaireurs que les troupes d'Arioviste étaient à vingt-quatre milles (*35 kilomètres 1/2*) des siennes. Cette distance est à peu près celle qui sépare Gemar du cours de la Brüche; on est ainsi conduit à placer le camp des Germains sur cette rivière, entre Dorlisheim et Rosheim[1].

POSITION D'ARIOVISTE AVANT LA BATAILLE.

Le renseignement donné par Plutarque jette comme un trait de lumière sur la question de l'emplacement du champ de bataille. Cet historien écrit : Καὶ προσβολὰς ποιούμενος τοῖς ἐρύμασι καὶ λόφοις, ἐφ' ὧν ἐσΙρατοπέδευον, ἐξηγρίαινε καὶ παρώξυνε καταβάντας πρὸς ὀργὴν διαγωνίσασθαι. (*Vie de César,* 19.) «Faisant des attaques contre les retranchements et *les hauteurs* sur lesquelles ils (les Germains) campaient, il les exaspéra et les excita jusqu'à ce que, dans leur fureur, ils en *descendissent* et livrassent le combat décisif.» Mais,

---

[1] Dans ces recherches, il faut toujours faire camper les armées sur des cours d'eau.

dirons-nous, si, le jour de la bataille, les Germains étaient postés sur des hauteurs, et si, d'après nos précédents raisonnements, César campait alors entre Colmar et Schlettstadt, ces hauteurs ne peuvent être que celles des Vosges, car il n'y en a pas d'autres dans cette partie de la vallée du Rhin. Et puisque César, en bataille dans la plaine, fit harceler les ennemis jusqu'à les forcer à descendre pour combattre, c'est que ceux-ci, avec leurs femmes et leurs chariots, avaient pris position sur les pentes inférieures des montagnes. On en déduit forcément que, le jour de la bataille, les Germains étaient campés quelque part sur les parties basses des versants orientaux des Vosges, qui bordent la plaine entre Colmar et Schlettstadt, et que c'est là, dans le terrain plat, au pied de ces mêmes versants, qu'il faut chercher le champ de bataille.

II

RECONNAISSANCE DU PAYS.

Cette conclusion, à laquelle on est amené par l'étude raisonnée du texte des *Commentaires,* est purement théorique. Aussi devions-nous la regarder comme erronée si nous arrivions à reconnaître que le revers oriental des Vosges ne présente nulle part, au nord de Colmar, une position militaire qu'aient pu occuper pendant plusieurs jours une nombreuse armée germaine, des chariots, des femmes et des enfants; mais elle acquerrait, dans le cas contraire, un haut degré de probabilité. Nous étant rendu en Alsace pour visiter les lieux, nous reconnûmes que la chaîne des Vosges présente, au nord de Colmar, une position qui satisfait complètement aux conditions exigées : elle est sur les beaux versants qui s'abaissent en pentes régulières vers la plaine de la Fecht, en face du château de Schoppenweier et du village d'Ostheim, sur une étendue de 7 kilomètres comprise entre deux gorges de montagnes, l'une où coule la Weiss, débouchant à Sigolsheim, l'autre où coule le Streng-Bach, débouchant à Rappolts-weiler. Ces versants portent aujourd'hui quatre villages, nommés Bennweier, Mittelweier, Bebelnheim et Zellenberg. (Voir *planches 1 et 2.*)

La découverte de cette position nous confirma dans la justesse des raisonnements qui nous avaient conduit à placer le champ de bataille au nord de Colmar. Il fallait, pour les rendre encore plus probants, retrouver l'emplacement du petit camp de César et le monticule où eut lieu l'entrevue des deux chefs.

EMPLACEMENT DU PETIT CAMP DE CÉSAR.

On sait qu'Arioviste dépassa un jour le camp romain de deux milles (*3 kilomètres*) afin d'intercepter les ravitaillements de l'armée romaine, et que, quelques jours après, César, voulant rétablir ses communications, choisit un lieu favorable pour camper, à environ six cents pas (*900 mètres*) des Germains, au delà de leur position, et y fit construire un petit camp : « ultra eum locum, quo in loco Germani consederant, circiter passus sexcentos ab iis, castris idoneum locum delegit... castra munire jussit... munitis castris... » (*Guerre des Gaules*, I, 49.) César veut certainement indiquer, par les mots *castris idoneum locum,* une éminence, une colline, ou, plus généralement dit, une hauteur qui commandait la route par laquelle lui arrivaient ses convois de vivres. Or il s'en trouve deux, situées l'une et l'autre sur la vieille route qui longeait le pied des Vosges, laquelle était, à n'en pas douter, la ligne de communication de César avec la Séquanie et le pays éduen. L'une est près de Bennweier, séparée des montagnes par un terrain presque plat : les gens du pays l'appellent *le Bühl.* L'autre touche à Bebelnheim, et, partie intégrante de la chaîne des Vosges, fait saillie dans la plaine, à la façon d'un promontoire. Chacune de ces éminences peut être prise, à un premier examen, pour le *castris idoneus locus* des *Commentaires.* (Voir *planche 2.*)

DU TERTRE DE L'ENTREVUE.

Avant de continuer, nous ferons remarquer que si on adopte, pour la position de l'armée germaine, les hauteurs qui s'étendent depuis Bennweier jusqu'à Zellenberg, l'emplacement du grand camp romain se trouve déterminé entre Ostheim et Gemar; car Arioviste le dépassa de deux milles (*3 kilomètres*). (*Guerre des Gaules*, I, 48.)

Lorsque César établit son grand camp, Arioviste se trouvait au nord, à vingt-quatre milles (*35 kilomètres* $1/2$) de distance, soit, comme il a été dit plus haut, sur la Brüche, entre Dorlisheim et Rosheim. On sait qu'un des jours suivants, les deux chefs eurent une entrevue sur un tertre, ou un monticule, qui s'élevait dans la plaine à une distance presque égale de leurs camps respectifs : « Planities erat magna et in ea tumulus terrenus satis grandis. Hic locus æquo fere spatio ab castris Ariovisti et Cæsaris aberat. Eo, ut erat dictum, ad colloquium venerunt. » (*Guerre des Gaules*, I, 43.) Au nord de Schlettstadt, entre les villages de Dambach et d'Epfig, on rencontre un monticule arrondi, que nous appellerons *le tertre de Plettig*, d'après le nom caractéristique de *Plettig-Buckel* qu'on lui donne dans la contrée environnante [1]. Séparé des pentes inférieures des Vosges par un terrain uni, assez étendu, où passe le chemin de fer de Schlettstadt à Barr, il se présente, surtout à qui s'en approche par

---

[1] Der Plettig-Buckel, ce qui veut dire *la bosse de Plettig*. C'est ainsi, en effet, que les paysans du voisinage appellent cette éminence, qui, semblable à un fort mamelon, s'élève dans la plaine, en avant de la chaîne des Vosges dont elle semble avoir été détachée. (Voir *planche 1 et feuille de Dambach de la carte de l'état-major allemand au 25/000.*)

le nord ou par le sud, comme détaché des montagnes et entièrement
isolé dans la plaine. On monte sur le tertre de Plettig, de tous les
côtés, par des pentes très douces; de son sommet, dominant la plaine
de 55 mètres, on voit aussi loin que la vue peut s'étendre, et, par
un temps clair, on aperçoit la cathédrale de Strasbourg. Si on considère qu'aucune autre hauteur séparée de la chaîne des Vosges, par
conséquent isolée dans la plaine, ne se rencontre depuis Cernay
jusqu'à Barr; que l'expression de *tumulus terrenus* convient de tout
point au tertre de Plettig; enfin, que l'étendue et la hauteur de ce
monticule justifient pleinement l'emploi du terme *satis grandis,* on
l'identifiera, sans crainte d'erreur, avec celui de l'entrevue de César
et d'Arioviste. César, qui s'y rendit venant de la contrée de Gemar, a
donc écrit très justement : « Planities erat magna et in ea tumulus
terrenus satis grandis. » (Voir *page 56* et *planche 1.*)

Le tertre de Plettig est à 16 kilomètres de Gemar, à 20 kilomètres d'Ostheim et environ à 21 kilomètres de Dorlisheim et de la
Brüche.

III

RÉSUMÉ DES ÉTUDES PRÉLIMINAIRES.

En résumé, l'étude des *Commentaires*, jointe à la reconnaissance du terrain, nous a fait adopter les résultats suivants.

César, parti de Besançon, se porta dans la haute Alsace en contournant, par Voray, Rioz, Filain, Vallerois-le-Bois, Villersexel et Arcey, le massif septentrional du Jura, prit ensuite la marche directe par Belfort et Cernay, s'avança dans la plaine du Rhin entre les Vosges et l'Ill, et, le septième jour d'une marche non interrompue, campa sur la Fecht, au nord de Colmar, entre Gemar et Ostheim. (*Guerre des Gaules*, I, 41.)

Ce même jour, Arioviste était à 35 kilomètres 1/2 du camp de César, entre Rosheim et Dorlisheim, sur la Brüche. (*Guerre des Gaules*, I, 41.)

L'entrevue de César et d'Arioviste eut lieu sur le tertre de Plettig, environ à mi-chemin des deux camps. (*Guerre des Gaules*, I, 43.)

Le surlendemain Arioviste leva son camp et vint l'établir au pied des Vosges, à 9 kilomètres de celui de César, sur le ruisseau dit le Giessen, à Kestenholz. (*Guerre des Gaules*, I, 48.)

Le jour suivant, l'armée germaine s'engagea dans les montagnes où elle ne pouvait être attaquée dans sa marche, suivit la direction marquée aujourd'hui par Kinzheim, Saint-Pilt, Bergheim et Rappoltsweiler, gravit les pentes orientales de Zellenberg, et prit position

quelque part sur les versants qui s'étendent depuis là jusqu'à Bennweier. (*Guerre des Gaules*, 1, 48.)

César retrancha un petit camp, ou sur la colline nommée le Bühl,
voisine de Bennweier et de la Weiss, ou sur l'extrémité du contrefort
de Bebelnheim qui fait saillie dans la plaine de la Fecht. (*Guerre des
Gaules*, I, 49.)

La bataille se donna dans cette même plaine, au pied des hauteurs
de Mittelweier, de Bebelnheim et de Zellenberg. (*Guerre des Gaules*,
I, 51, 52 et 53.)

IV

RECHERCHE DE PREUVES MATÉRIELLES.

La présente étude ne pouvait offrir qu'un médiocre intérêt tant que des preuves matérielles ne viendraient pas changer en certitudes les conjectures qui y sont présentées. Il fallait pour cela retrouver, sur les lieux, des indices de la lutte. On sait que les Germains et les Gaulois ne retranchaient pas leurs camps au moyen d'ouvrages en terre : il ne pouvait donc être question de chercher des vestiges du camp d'Arioviste sur les versants des Vosges, et, quant à la bataille, livrée au pied des hauteurs, elle n'a laissé aucune trace apparente dans la plaine, cultivée depuis tant de siècles. Le problème se bornait ainsi à retrouver, à l'aide de fouilles, quelques vestiges des camps occupés par l'armée romaine. Nous reconnûmes, au cours de nos explorations sur la rive gauche de la Fecht, entre Ostheim et Gemar, que la découverte des fossés du grand camp pouvait exiger de très longs travaux, par la raison qu'aucune considération n'engage à chercher ce camp dans une partie de la plaine plutôt que dans une autre. Par contre, il semblait moins difficile de retrouver les fossés du petit camp romain parce que les deux éminences où il est permis de le placer n'ont qu'une faible superficie et qu'elles présentent des contours nettement accusés.

Lorsque nous voulûmes procéder sur les lieux à l'exécution des fouilles nécessaires, nous fûmes malheureusement contrarié à chaque

instant dans nos travaux par les plantations de vignes dont ces deux
éminences sont couvertes presque partout. Nous dûmes même, pour
ce motif, renoncer à tout essai sur le contrefort qui porte le petit
château de Bebelnheim; et n'ayant pu fouiller sur la colline dite le
Bühl, voisine de Bennweier, que dans quelques pièces de terre très
petites, nous n'arrivâmes point au résultat désiré. Il ne nous est donc
pas possible de certifier, preuves matérielles à l'appui, que le petit
camp fut réellement établi sur l'une ou l'autre des hauteurs dont il
s'agit. Toutefois nos recherches nous portent à adopter de préférence
la colline qui, près de Bebelnheim, fait saillie dans la plaine de la
Fecht. On sait que le petit camp fut construit pour deux légions et une
partie des auxiliaires, c'est-à-dire pour onze ou douze mille hommes :
d'après cela, il aurait couvert 14 à 15 hectares.

Nous sommes convaincu qu'on retrouvera, un jour ou l'autre,
les fossés du grand camp romain. Construit pour six légions
(27,000 hommes, voir *page 111*), 4,000 chevaux et plusieurs milliers
d'auxiliaires, il avait une superficie d'environ 36 hectares, et affectait
très probablement la forme d'un carré dont le côté aurait eu, par
conséquent, 600 mètres à peu près. Nous nous sommes mis en
rapport avec les personnes qui possèdent des terres dans la plaine,
entre Ostheim et Gemar, et, afin de les intéresser à la découverte du
grand camp, nous leur avons donné quelques indications générales.
Il n'est pas rare, par exemple, qu'un champ cultivé présente des
parties en ligne droite où le blé, le trèfle, la luzerne et autres plantes
viennent plus touffues et plus vivaces qu'à gauche ou à droite de cette
direction, et que ce phénomène se produise précisément dans la terre
de déblai d'un ancien fossé, terre remuée, et pour ainsi dire drainée,

qui a été rejetée dans ce fossé pour le combler. Il peut arriver aussi que certaines parties du parapet d'un camp romain n'aient pas entièrement disparu après le comblement du fossé, et qu'alors le sol présente un léger renflement en dos d'âne où les plantes affectent une plus belle venue. Une indication semblable, que nous donna un cultivateur, nous permit, en 1862, de retrouver d'emblée le fossé antérieur du camp de César sur la colline de Mauchamp. (Voir *Histoire de Jules César*, par Napoléon III, tome II, planche 7, édition de l'Imprimerie impériale.) A défaut de renseignements analogues, on arriverait, sans aucun doute, à couper les fossés du camp romain, entre Gemar et Ostheim, en pratiquant une longue tranchée, parallèlement au cours de la Fecht, non loin de la route qui joint ces deux localités, ou perpendiculairement au cours de la rivière, entre l'Alten-Bach et le Streng-Bach. (Voir *planche 2*.)

Un autre indice pourra être fourni par des traces de sépulture qu'on retrouverait sur le champ de bataille, c'est-à-dire dans la plaine qui s'étend au pied des hauteurs de Mittelweier, Bebelnheim et Zellenberg. Une découverte de ce genre a été faite l'année dernière sur la colline d'Armecy que nous avions reconnue en 1886 comme étant la hauteur où César livra la bataille aux Helvètes. M. Carion, maire de la commune de Montmort, a trouvé sur cette colline neuf fosses de sépulture, creusées à 40 ou 50 centimètres de profondeur, chacune mesurant 90 centimètres de longueur sur 1 mètre de largeur. Elles sont remplies de cendres et de charbon et laissent apercevoir quelques parcelles d'os qui s'écrasent sous les doigts. Trois de ces fosses ont donné une épée chacune. Deux de ces épées, longues de 1 mètre environ, avaient été repliées avant d'avoir été placées dans les fosses : la pointe est ramenée assez près de la poignée, et la poignée est ramenée sur la pointe. La troisième épée est droite et mesure 6o centimètres en longueur. Nous citerons parmi les autres objets enfouis : deux fers de javelots, trois agrafes en fer, divers morceaux de fer sans forme précise, des plaques minces et des débris de poterie. Ces objets sont aujourd'hui déposés à Autun, au musée de la Société Éduenne. Nous signalons cette découverte parce qu'il se pourrait que des recherches bien dirigées en amenassent une semblable dans la plaine qui borde le pied des coteaux entre Bennweier et Zellenberg. On remarquera, en effet, que la bataille de la Fecht fut livrée la même année que celle de Montmort, par la même armée romaine, et qu'ainsi le mode de sépulture fut certainement le même dans les deux cas.

V

CONCLUSIONS.

Quoique les fouilles ne nous aient pas permis de fournir les preuves matérielles que nous cherchions, nous n'en restons pas moins convaincu que le champ de bataille est au pied des hauteurs qui s'abaissent vers la plaine de la Fecht en face d'Ostheim. Nous établissons notre opinion, en résumé, sur le raisonnement suivant.

Il est fort probable, comme nous l'avons expliqué plus haut, que le septième jour d'une marche non interrompue depuis Besançon, César arriva dans la région comprise entre Colmar et Schlettstadt, et qu'il y campa sur la Fecht, dans la contrée d'Ostheim et de Gemar. Mais cette *probabilité* devient presque une *certitude* si on a égard à deux considérations différentes : la première, c'est qu'à en croire Plutarque (*Vie de César,* 19) les Germains se tenaient sur des hauteurs, que celles-ci ne peuvent être que les Vosges, et qu'il existe précisément, à l'ouest d'Ostheim et de Gemar, sur les bas versants de ces montagnes, une position des plus favorables au campement de l'armée germaine, chariots, femmes et enfants; la seconde, c'est que le grand camp de César doit se chercher à environ douze milles (*18 kilomètres*) d'un monticule qualifié de « tumulus terrenus satis grandis », isolé dans la plaine, « in ea », et qu'on en trouve un remplissant entièrement ces conditions exigées. Enfin, *la certitude devient complète* si on considère que la chaîne des Vosges ne présente nulle part,

depuis Cernay jusqu'à Schlettstadt, une autre position que celle de
Bennweier-Zellenberg où les Germains aient pu camper, et qu'il n'y
a pas, dans toute la plaine du Rhin, un autre monticule que le tertre
de Plettig qui puisse être assimilé à celui de l'entrevue.

Nous ajouterons que toutes les manœuvres de guerre s'expliquent
de la manière la plus satisfaisante sur le terrain d'opération reconnu
par nous, entre autres la marche de flanc par laquelle Arioviste intercepta les communications de César, marche qui était restée incompré-
hensible jusqu'à ce jour. (Voir *Explications et remarques*, page 94.)

PRÉAMBULE.

Nous présenterons maintenant, en nous appuyant des précédents résultats, une relation de la guerre des Germains.

Cette guerre, comme on le sait, succéda à celle des Helvètes. Lorsque César résolut de l'entreprendre et se mit en marche à la rencontre d'Arioviste (*Guerre des Gaules*, I, 37), il se trouvait, sans nul doute [1], dans la partie du pays des Lingons où les débris de l'émigration gauloise venaient de faire leur soumission. Or aujourd'hui que le lieu de la défaite des Helvètes est incontestablement fixé à Montmort (*Histoire de Jules César, Guerre civile*, tome II, page 439), il est facile de déterminer leur ligne de retraite et conséquemment la partie du territoire lingon où César les atteignit. (*Guerre des Gaules*, I, 27.) Nous prendrons donc pour point de départ de notre récit le jour de la bataille de Montmort; mais, afin d'être plus clair, nous rappellerons sommairement, sous forme de préambule, quelle était la situation de la Gaule vers le milieu du siècle qui précéda l'ère chrétienne.

La race gauloise est la première mentionnée dans l'histoire comme ayant occupé la belle région si bien circonscrite par le Rhin, les Alpes, la Méditerranée, les Pyrénées et l'Océan [2]. On peut regarder comme probable que, venue d'Asie à une époque indéterminée, elle

---

[1] Voir *Explications et remarques*, page 86.

[2] Cependant les Aquitains et les Ligures occupèrent, avant les Gaulois, certaines contrées méridionales de la France actuelle.

se porta vers les contrées de la mer Caspienne et de la mer Noire, d'où, remontant la vallée du Danube et la débordant, d'un côté jusqu'en Hongrie et en Bohême, de l'autre jusqu'en Turquie et en Grèce, elle se répandit dans toute l'Europe centrale : la première, peut-on croire, elle atteignit les bords de l'Océan. (*Guerre des Gaules*, III, 8.) Dans le cours de leurs invasions, qui durèrent plusieurs siècles, les Gaulois se partagèrent en différentes migrations : les unes franchirent les Pyrénées, les autres traversèrent le détroit et se fixèrent dans les îles Britanniques, d'autres encore passèrent les Alpes, descendirent en Lombardie, refoulèrent les Étrusques au delà du Po, et s'avancèrent jusqu'aux bords du Tibre. Une de leurs plus audacieuses peuplades prit et brûla Rome. Ils furent pendant longtemps les ennemis les plus redoutables pour la République romaine, qui ne parvint qu'au bout d'un siècle et demi de guerres continuelles à soumettre ou à détruire ceux qui s'étaient fixés en Italie.

Les Gaulois avaient l'instinct guerrier, l'humeur aventureuse, le génie actif et entreprenant. La nature les avait doués des facultés les plus diverses; en revanche, ils se distinguaient par une excessive mobilité de caractère, par une vivacité d'impression nuisible à la réflexion, par une vanité sans bornes. Lorsqu'ils firent irruption en Europe, ils n'étaient encore que peu civilisés; leur langue n'était pas formée. Mais leur civilisation progressa et leur langue se développa, d'une part au contact de la culture hellénique pendant un long séjour en Macédoine, en Thessalie et en Grèce, d'autre part à celui de la culture étrusque durant les guerres d'Italie. Les Gaulois subirent principalement l'influence du génie grec; leur langue semble s'être imprégnée fortement de grec et en prit même les lettres d'écriture. Ils étaient portés à vivre en commun; ils cultivaient la terre, bâtissaient des villes, construisaient des navires, fabriquaient des étoffes, travaillaient l'or et le cuivre.

Cependant d'autres peuples, venus probablement d'Asie six ou sept siècles après les Gaulois, envahirent l'Europe à leur tour. Les premiers en date furent les Germains, race vigoureuse, beaucoup plus jeune que la race gauloise, et retardant sur elle, sous le rapport du degré de civilisation, de plus de mille ans peut-être [1]. Ils étaient hospitaliers et chastes, dédaigneux des richesses, mais présomptueux, intempérants et de mœurs rudes. Ils n'avaient ni villes, ni industrie, ni commerce, ne vivaient que pour la chasse et pour la guerre, ne couvraient qu'une partie de leur corps. Étant venus à se heurter aux peuples de race gauloise établis entre le Danube et le Rhin, ils les refoulèrent de l'est à l'ouest dans des guerres sans doute longues et acharnées, à la suite desquelles ils s'étendirent depuis la mer Baltique et la mer Noire jusqu'au Rhin. A quelle époque commencèrent ces luttes sanglantes où chacun des deux peuples prétendait à résider, selon sa convenance, dans les régions européennes? Quelle en fut la durée? Quelles en furent les péripéties? On l'ignore. Ce qu'on peut affirmer, c'est qu'avant la fin du deuxième siècle qui précéda notre ère, les Gaulois n'occupaient plus un seul territoire sur la rive droite du Rhin, et que ce fleuve séparait les deux peuples.

Ainsi chassés, d'un côté, hors d'Italie par la République romaine et poussés, de l'autre côté, par les Germains, de l'est à l'ouest, les Gaulois se trouvèrent relégués dans le massif territorial compris entre l'Océan, les Pyrénées, la Méditerranée, les Alpes et le Rhin. Cette magnifique région devint véritablement la patrie de la race celtique,

[1] Le sixième livre de la *Guerre des Gaules* fait ressortir la grande différence qui existait entre le degré de civilisation des Gaulois et celui des Germains.

4.

protégée là par deux mers, deux hautes chaînes de montagnes et
un large fleuve [1]. Le chiffre de la population ne semble pas avoir
dépassé sept à huit millions d'âmes. La Gaule se divisait en un grand
nombre de peuplades ou d'États qui avaient chacun son organisation
particulière et son propre gouvernement, déféré soit à une assemblée,
soit à un magistrat suprême, annuel ou à vie. Ces États avaient une
religion commune, mais aucun lien politique ne les unissait. Les uns
se groupaient par affinité de race ou par communauté d'intérêt et
contractaient des alliances permanentes; d'autres se liguaient tempo-
rairement pour mieux résister à leurs ennemis. Tous, principalement
les plus puissants, c'est-à-dire les Arvernes, les Éduens, les Séquanes, les Bituriges, les Rèmes, se jalousaient entre eux : leur rivalité et leur esprit de domination engendraient des guerres fréquentes
où chacun cherchait à conquérir la prééminence. Et encore cet esprit
de discorde n'arrêtait-il pas là ses funestes effets; car, de même que
la Gaule était divisée en partis rivaux, de même chaque État était
partagé en deux factions ayant des chefs pris parmi les personnages
les plus influents. Bien plus : chaque tribu et presque chaque famille
comptait deux partis ennemis.

Ces divisions intestines, où chaque peuplade faisait passer son
intérêt particulier avant l'intérêt général, mettaient la Gaule dans un
état de faiblesse permanent, périlleux pour son existence. Il arriva
que, dans leur rivalité jalouse, des États, qu'aucun esprit national ne
retenait, se laissèrent entraîner, pour vider leurs querelles, à faire
alliance avec les pires ennemis de la Gaule, sans même se douter
qu'ils préparaient ainsi la ruine de leur indépendance. On en vit le

[1] Cela est dit ici en termes généraux; car dans le midi de la Gaule les Ligures, par
exemple, n'étaient pas de race celtique.

premier exemple dans les années 123 et 122 lorsque la République
romaine entreprit d'étendre ses conquêtes au delà des Alpes et fit
la guerre aux Allobroges, puissante peuplade gauloise : comme les
Arvernes avaient prêté leur secours aux Allobroges, les Éduens, qui
détestaient les Arvernes et qui voulaient leur enlever la suprématie,
s'allièrent avec Rome et marchèrent contre leurs frères de même race.
Rome triompha; mais la Gaule perdit du coup le littoral de la Méditerranée et les pays situés entre le Rhône et les Alpes.

Environ cinquante ans après, un conflit s'étant élevé entre les
Éduens et les Séquanes, ceux-ci, de concert avec les Arvernes, engagèrent quinze mille Germains à franchir le Rhin et les prirent à leur
solde. Il s'ensuivit une guerre de plus de dix ans, pendant laquelle le
nombre des Germains qui passèrent dans la Gaule alla toujours crois-
sant. Plusieurs peuples gaulois se liguèrent avec les Éduens contre
Arioviste, roi des Germains; mais ils furent vaincus dans une dernière
bataille, en l'an 60 (*694 de Rome*), à Magetobria (près de Pon-
tailler[?]). Les Éduens perdirent toute leur noblesse, une partie de
leur territoire, presque toute leur clientèle, et se virent forcés de subir
les conditions les plus offensantes : ils durent donner des otages aux
Séquanes, s'engager par serment à ne jamais les redemander, à ne
jamais recourir à l'aide du peuple romain, enfin à toujours rester
soumis à leurs vainqueurs[1]. Mais en attirant les Germains dans
la Gaule, les Séquanes leur avaient appris à connaître sa richesse, la
fertilité de son sol, la prospérité de ses habitants. Aussi d'autres
bandes germaines se préparaient-elles à l'envahir; les cent cantons

---

[1] Une lettre de Cicéron à Atticus, écrite en mars 694, nous engage à placer la bataille
de Magetobria dans cette même année 694, et non pas en 693, comme le font quelques
historiens. (*Lettres à Atticus*, I, 19.)

des Suèves étaient en mouvement et se portaient vers le Rhin; une vague terreur commença à gagner les peuples de la Gaule.

Les succès des Germains et des Séquanes étaient un échec pour la République romaine qui voyait les Éduens, ses alliés gaulois, déchus et humiliés. En même temps que la nouvelle en arrivait à Rome, on y apprenait que les Helvètes avaient arrêté de quitter leur pays pour se rendre, à travers la Gaule, sur les côtes de l'Océan, que déjà ils étaient en armes et faisaient des incursions dans la Province romaine. L'inquiétude fut grande. Le sénat décida que les consuls tireraient au sort, par anticipation, les gouvernements de la Cisalpine et de la Transalpine; il ordonna des levées, sans exemption aucune, et résolut d'envoyer auprès des États de la Gaule, pour les empêcher de s'unir aux Helvètes, trois délégués munis de pleins pouvoirs. Mais, tout préoccupé du péril que courait la Province, il ne s'intéressa que faiblement au sort des Éduens : il se contenta d'engager Arioviste à évacuer leur territoire, et Divitiacus, un de leurs chefs, venu à Rome pour implorer le secours de la République, dut s'en retourner sans avoir réussi dans sa mission [1].

Cette conduite du sénat encouragea Arioviste dans d'arrogantes prétentions. Quoiqu'il n'eût été que l'allié soldé des Séquanes dans leur guerre avec les Éduens, il entendit se faire payer ses services au delà des conventions arrêtées. S'érigeant en maître, il s'empara de la partie septentrionale de la Séquanie, partie correspondant à la haute Alsace d'aujourd'hui et regardée alors comme la plus fertile de toute la Gaule; en outre, il obligea les Éduens à lui payer un tribut et à lui donner des otages.

[1] Le voyage de Divitiacus à Rome doit, croyons-nous, se placer en l'an 694 de Rome. Ce serait l'année où Cicéron vit ce chef éduen. (*De Divinatione*, I, 41.)

Les choses restèrent en l'état pendant l'année 59 (*695 de Rome*). César était consul. Soit qu'il se méprît sur la gravité des événements qui se passaient dans le nord de la Gaule, soit plutôt qu'il crût devoir porter toute son attention sur les dangers dont la Province était menacée, il ne s'écarta point de la politique suivie par le sénat et ne prit aucune mesure pour secourir les Éduens. Il fit même accorder à Arioviste, qui venait de solliciter l'amitié de la République, le titre de roi et d'ami du peuple romain.

Mais au commencement de l'année 58 (*696 de Rome*) les événements marchèrent avec rapidité. C'était l'époque choisie par les Helvètes et quelques peuples voisins pour exécuter leur projet d'émigration. D'un commun accord, ils étaient convenus de se trouver réunis le 24 mars, jour de l'équinoxe, sur la rive droite du Rhône, depuis Genève jusqu'au Jura. Déjà ils se portaient de tous les côtés à ce lieu de rendez-vous; leur nombre s'élevait à trois cent soixante-huit mille. Pour aller s'établir chez les Santons (*en Saintonge*), comme c'était leur projet, ils comptaient envahir le pays des Allobroges et se diriger, de l'est à l'ouest, vers les côtes de l'Océan. La nouvelle de leurs préparatifs jeta la consternation dans tout le midi de la Gaule, principalement chez les peuplades dont ils devaient traverser les territoires. On prévoyait le ravage des terres, les violences qu'exercerait une multitude de plusieurs centaines de mille individus, et les entreprises ultérieures d'une nation belliqueuse et puissante, qui ne manquerait pas de prétendre à la prééminence sur tous les autres États.

En même temps la situation s'aggravait dans les pays voisins du Rhin. Arioviste avait déjà fait passer cent vingt mille Germains dans la Gaule. Ses exigences ne connaissaient plus de bornes : non content d'avoir dépouillé les Séquanes de la plus riche partie de leur territoire, il leur ordonnait maintenant d'en céder une autre partie pour qu'il pût y établir vingt-quatre mille Harudes qui venaient de traverser le Rhin à Constance. Enfin, pour comble de péril, l'invasion des cent cantons des Suèves était imminente : ces peuples avaient atteint les embouchures du Neckar et du Main et s'apprêtaient à franchir le Rhin pour rejoindre Arioviste.

Ainsi les dangers s'accumulaient à la fois du côté du Rhin et du côté des Alpes : la Gaule, selon la juste et forte expression de Napoléon Ier, allait être ébranlée dans ses fondements.

Par une de ces coïncidences qui amènent assez souvent les plus surprenantes révolutions dans l'histoire des peuples, César recevait, à cette même époque (an 696), le commandement de la Gaule cisalpine, de l'Illyrie et de la Gaule transalpine, avec quatre légions. Pendant qu'il était encore retenu aux portes de Rome, on apprit tout à coup que les Helvètes se réunissaient sur les bords du Rhône et que leur intention était de traverser la Province romaine. Il partit précipitamment, arriva à Genève, fit fortifier la rive gauche du Rhône et refusa aux Helvètes le passage, déclarant qu'il s'y opposerait par la force. Obligés de sortir de leur pays par un autre chemin, les émigrants nouèrent des intelligences avec les Séquanes, en obtinrent le libre passage par le défilé du Pas-de-l'Écluse et résolurent de se rendre chez les Santons à travers la Séquanie et le territoire des Éduens. César regarda comme un devoir de sa charge de ne pas laisser s'établir dans le voisinage de la Province un peuple belliqueux, ennemi des Romains. Il retourna en Italie, y leva en toute hâte deux légions, retira de leurs quartiers d'hiver les trois légions qui se trouvaient près d'Aquilée, et, à la tête de cette armée, prit par les Alpes le plus court chemin de la Gaule transalpine. Environ le 7 juin, il arriva au confluent de la Saône et du Rhône.

Les Helvètes avaient employé le temps qui s'était écoulé jusque-là à franchir le Pas-de-l'Écluse et à se porter vers la Saône. Dans leur marche très lente, ils ravageaient les terres des Ambarres, celles des Éduens et celles que les Allobroges possédaient sur la rive droite du Rhône. Ces peuples, condamnés, comme tous ceux de Gaule, à la faiblesse par leur désunion même, députèrent à César pour implorer son secours. Un tel appel ne pouvait que le fortifier dans son dessein, qui était d'empêcher les Helvètes de s'établir dans le pays des Santons. Certain du concours des Éduens, ces anciens alliés de Rome, il prit le parti de suivre les émigrants et de saisir toutes les occasions de les battre.

Lorsqu'il arriva au confluent du Rhône et de la Saône, les Helvètes étaient occupés à passer cette rivière à grand'peine, entre Trévoux et Villefranche, sur des radeaux et des portières de bateaux. Il attendit que les trois quarts de leur monde l'eussent traversée, et assaillit alors à l'improviste ceux qui étaient restés sur la rive gauche. Cet échec réduisit le nombre des émigrants à deux cent quatre-vingt-huit mille individus, dont soixante-douze mille en état de porter les armes[1]. Après le combat, César franchit la Saône et suivit les Helvètes.

Ceux-ci remontèrent la rive droite de la Saône jusqu'à proximité de Mâcon et se dirigèrent, par le Charolais, vers les sources de la Dheune et de la Bourbince, d'où on passe facilement du bassin de la Saône dans celui de la Loire : leur intention était de franchir

---

[1] Voir *Explications et remarques*, page 76.

ce fleuve à Decize. Parvenus aux sources de la Dheune et de la Bourbince, ils continuèrent leur marche par Toulon-sur-Arroux et Luzy.
Il leur fallut quinze jours environ pour se transporter de la Saône à
l'Arroux. Pendant toute cette marche, exécutée avec une telle lenteur
que le trajet quotidien n'excéda pas huit kilomètres, ils avaient che-
miné sur une seule route, dans l'ordre suivant. Les chariots, la
plupart attelés de bœufs, les femmes, les enfants, les vieillards et
les malades s'avançaient en une colonne de plusieurs lieues de longueur, protégée par une avant-garde et par une arrière-garde; le
gros de l'armée suivait à plusieurs kilomètres de distance et ne
partait chaque jour que longtemps après les chariots, à cause de la
marche très lente de ces derniers. Ce gros avait une arrière-garde;
la cavalerie, peu nombreuse, fermait la marche. (Voir *la figure
ci-contre.*)

L'armée romaine suivait chaque jour les émigrants à huit ou neuf
kilomètres de distance au plus. Toute la cavalerie, forte de quatre
mille hommes, précédait l'infanterie et surveillait la marche de
l'ennemi. Les six légions marchaient en colonne de route, les bagages
placés à la queue, probablement sous la garde des deux légions
récemment levées [1].

Le 28 juin au soir, l'avant-garde de la colonne de chariots pouvait
avoir atteint Remilly, sur l'Alène, et l'arrière-garde, composée de
quinze mille Boïens et Tulinges (*Guerre des Gaules*, 1, 25), pouvait

---

[1] Dans les marches exécutées à plusieurs journées de l'ennemi, César avait coutume
de faire suivre les légions chacune de ses bagages; mais, à proximité de l'ennemi, il plaçait tous les bagages à la queue de la colonne, sous une garde suffisante. (*Guerre des
Gaules*, II, 19.)

ORDRE DE MARCHE DE L'ÉMIGRATION HELVÈTE.

Avant-garde de   15,000 hommes.

Colonne de chariots tenant   plusieurs lieues de longueur.
(216,000 vieillards,   femmes et enfants.)

Arrière-garde de 15,000   hommes. (Boïens et Tulinges.)

Armée marchant à plusieurs kilomètres   en arrière.

42,000 hommes.

Arrière-garde...................   ....
Cavalerie....................   ....

être arrivée à la Croix-de-l'Arbre, point culminant peu éloigné de
Luzy; à sept ou huit kilomètres en arrière, l'armée s'était arrêtée sur
le ruisseau d'Auzon, au moulin de Montmort. Ce même jour, César
avait établi son camp à Toulon-sur-Arroux, environ à quatre kilomètres et demi des troupes ennemies. (*Histoire de Jules César, Guerre
civile*, tome II, page 446 et planche 23.)

Le lendemain 29 juin, la colonne de chariots, son avant-garde et
son arrière-garde, tenant au moins trente kilomètres de longueur,
se mirent en mouvement dès le matin; l'armée leva son camp quelque
temps après et marcha à distance, la cavalerie à la queue.

Pendant ces quinze jours d'une marche si lente, César n'avait pas
cessé d'épier une occasion favorable pour attaquer les ennemis; mais
ce même 29 juin, craignant que son armée ne vînt à manquer de
vivres, il jugea nécessaire de suspendre la poursuite et se dirigea sur
Bibracte (*le mont Beuvray*), ville principale des Éduens, qui avaient
promis de lui fournir du blé. Il était en marche par Labergement,
Montmort et Mauvernay, lorsque les chefs de l'armée helvète furent
informés de son projet: ils résolurent de l'attaquer. Cette détermina-
tion prise, la nouvelle en fut portée d'un bout à l'autre de la colonne.
Toute l'émigration rebroussa chemin sur la longue étendue de route
qui va de la Croix-de-l'Arbre à Luzy, Avrée et Remilly. La cavalerie,
que ce mouvement de conversion plaçait en tête, se porta sur Montmort et se mit à harceler l'arrière-garde des Romains. Pendant le
temps qu'il fallut aux troupes helvètes, engagées sur une seule route
étroite, pour déboucher dans la plaine de Montmort et pour s'y
former, César s'était mis en bataille sur la colline d'Armecy. Nous
renvoyons, pour les événements de cette journée, aux *Commentaires*
et à l'*Histoire de Jules César, Guerre civile*, tome II, pages 447 et

suivantes, notre seul but étant, présentement, de nous en tenir à ce qui concerne la retraite des Helvètes.

La double bataille de Montmort avait commencé à 1 heure de l'après-midi : depuis là jusqu'au soir, la colonne de chariots s'était dirigée vers le champ de bataille, et la partie qui avait pu arriver à temps s'était massée sur le plateau de la Bretache d'où on apercevait les péripéties de la lutte. Vers 8 heures du soir, les Boïens et les Tulinges s'y retirèrent pour continuer à combattre dans les enceintes de bagages qu'avaient formées les émigrants. On ne doit guère estimer, comme nous le montrons aux *Explications et remarques*, page 78, à beaucoup plus de la moitié du nombre total des chariots, ceux qui atteignirent le plateau; l'autre moitié encombrait la route dans toute sa longueur depuis la contrée de Luzy jusqu'à la Bretache. Mais la nouvelle de la défaite de l'armée se répandit avec une extrême rapidité dans cette partie de la colonne. Si on se figure ce que pouvaient être les voies celtiques de cette époque, et en particulier le chemin de la Bretache à Luzy, sur lequel deux chariots n'auraient pu marcher de front, si on se représente, de plus, le trouble et la confusion qui, à l'annonce de la catastrophe et à l'entrée de la nuit, se répandirent dans cette multitude, si enfin on tient compte de la difficulté à rebrousser chemin, on ne saura s'exagérer l'épouvantable spectacle dont ces lieux furent le théâtre. Cette longue file de chariots, vieillards, femmes et enfants, rebroussa chemin encore une fois dans la direction de Luzy où s'était portée, depuis le milieu du jour, en sens opposé, la partie de la colonne venue de Remilly et d'Avrée. Tout s'entassa pêle-mêle dans le fond de l'amphithéâtre de hauteurs où la petite ville de Luzy est aujourd'hui assise. Pendant ce temps, les légions romaines forçaient le camp gaulois sur le plateau de la Bretache et passaient au fil de l'épée plus de cent vingt mille individus, sans distinction d'âge ni de sexe.

Pour échapper le plus vite possible à la poursuite de l'armée romaine, les restes de l'émigration prirent la route qui mène vers le nord par Saint-Honoré-les-Bains, Moulins-Engilbert, Lormes et Avallon. (Voir *planche 1*.) Ils furent rejoints, d'un côté, par les combattants échappés du champ de bataille, de l'autre, par l'avant-garde, qui, en étant le plus éloignée, n'avait pu l'atteindre en temps utile : le nombre des émigrants se trouvait réduit à cent trente mille environ. Ils cheminèrent toute la nuit, continuèrent leur route de jour et de nuit, sans s'arrêter autrement que pour donner quelque repos aux bêtes de somme, et arrivèrent le 2 juillet, au bout de soixante heures de marche, dans le pays des Lingons, vers Tonnerre, sur l'Armançou.

Après la journée du 29 juin, l'armée romaine était excédée de fatigue. Environ cent cinquante mille morts ou mourants couvraient la plaine de Montmort et le plateau de la Bretache : c'était presque la moitié de la population du pays compris entre le Rhin, le Jura et les Alpes. On était à l'époque des grandes chaleurs : si ces nombreux morts restaient sans sépulture, il pouvait arriver qu'une épidémie se déclarât et désolât le pays. César considéra comme d'une sage politique d'en préserver les Éduens, ses alliés, et, dérogeant à la coutume romaine qui privait les barbares de sépulture, il fit brûler tous les morts. Ces soins et ceux qu'il fit donner à ses blessés le retinrent trois jours sur le champ de bataille. Il envoya par courriers des lettres aux Lingons pour leur défendre de fournir aux Helvètes fugitifs soit des vivres, soit des secours, sous peine d'être traités comme eux. Le 3 juillet il se mit à la poursuite des débris de l'émigration gauloise.

Les Helvètes s'étaient arrêtés à Tonnerre. Manquant des dernières ressources, ils députèrent vers César pour traiter de leur soumission. Les délégués le rencontrèrent en chemin, se jetèrent à ses pieds et implorèrent la paix. César ordonna que les émigrants s'arrêtassent dans le lieu même où ils se trouvaient et y attendissent son arrivée. Dès qu'il les eut rejoints, le 8 juillet, il exigea qu'on lui remît des otages, les armes et les transfuges qui avaient déserté son armée. Tandis qu'on s'occupait d'exécuter ces ordres, la nuit étant survenue, six mille hommes environ de la peuplade helvète nommée Verbigène (*Soleure, Argovie, Lucerne et partie du canton de Berne*) s'échappèrent soit par crainte, leurs armes une fois livrées, d'être mis à mort, soit dans l'espoir de se sauver inaperçus. Ils se dirigèrent vers le Rhin et les frontières de la Germanie.

César n'en fut pas plus tôt informé qu'il ordonna aux peuples dont les fugitifs devaient traverser le territoire, de les arrêter et de les ramener; qu'autrement, il les regarderait comme complices. Les Verbigènes furent livrés et passés au fil de l'épée ou vendus comme esclaves. Quant aux autres émigrants, César agréa leur soumission. Il aurait pu, selon l'usage, à l'exemple de ce que fit Cicéron lors de son proconsulat en Cilicie, les vendre comme esclaves et, par là, en tirer personnellement un profit considérable; mais, chez lui, les calculs de l'intérêt ne prévalurent jamais sur les considérations du bien de l'État. Il allait en donner une preuve éclatante. Ne voulant pas que l'Helvétie restât sans habitants, de peur que la fécondité du sol, supérieure à celle des contrées d'outre-Rhin, n'y attirât les Germains, qui seraient ainsi devenus voisins de la Province romaine, il enjoignit aux Helvètes, aux Tulinges et aux Latobriges de retourner dans leur pays et d'y rétablir les villes et les bourgs qu'ils avaient incendiés Et comme après avoir perdu toutes leurs récoltes, ils ne devaient trouver chez eux aucun moyen de subsistance, les Allobroges durent leur fournir du blé. Les Éduens lui ayant demandé la permission de recevoir sur leur territoire les Boïens, renommés pour leur bravoure, César la leur accorda. Cette petite peuplade s'établit par la suite au confluent de l'Allier et de la Loire, et fut bientôt admise à partager tous les droits et tous les privilèges de la nation éduenne.

RELATION

DE

LA GUERRE DE CÉSAR ET D'ARIOVISTE.

La guerre des Helvètes réunis aux Tulinges, aux Latobriges, aux Rauraques et aux Boïens, n'avait pas duré plus de trois mois. Ainsi que le dit Florus, César avait refoulé ces peuples dans leur pays comme un pasteur fait rentrer son troupeau dans le bercail. Il avait entrepris cette guerre de sa propre autorité, en sa qualité de proconsul, pour empêcher qu'un peuple belliqueux et hostile s'établît à proximité de la Province, comprise dans son gouvernement. La victoire de Montmort, tout en préservant la Province d'un voisinage menaçant, sauvait la Gaule d'un immense danger. Tandis que la nouvelle en était accueillie à Rome avec des transports d'enthousiasme, les chefs de presque toute la Gaule celtique vinrent offrir à César leurs félicitations et le remercier de les avoir délivrés d'une redoutable invasion. Il n'est pas impossible aujourd'hui, après dix-neuf siècles écoulés, de concevoir l'impression que fit sur ces chefs demi-barbares la vue de César et d'une armée romaine, disciplinée et victorieuse, campée au centre de la Gaule. Le proconsul, précédé des licteurs portant les faisceaux, leur apparaissait comme l'image vivante de la puissante République romaine qui avait vaincu tant de peuples.

6

Ces Gaulois, subissant là, du même coup, l'influence de la civilisation sur la barbarie et l'ascendant de César triomphant, allaient donner un triste exemple de l'état de faiblesse où peut tomber un pays divisé par les factions et privé d'une armée nationale permanente, propre à garantir son indépendance. Déjà, au milieu de leurs querelles intestines, ils avaient laissé s'établir dans la Gaule cent vingt mille Germains, leurs implacables ennemis; menacés présentement de l'irruption des cent cantons des Suèves, et se sentant incapables de se défendre, ils s'adressèrent à César comme à un sauveur. Afin de pouvoir se concerter, les chefs gaulois lui demandèrent à convoquer, avec son agrément, une assemblée générale de la Gaule. César y consentit.

Après la clôture de cette assemblée, les mêmes chefs se présentèrent à lui de nouveau, et, par l'organe de l'Éduen Diviciacus, lui firent connaître les événements qui s'étaient passés pendant la guerre des Éduens et des Séquanes. Les prétentions d'Arioviste, dirent-ils, augmentent sans cesse; son despotisme est devenu intolérable; encore quelques années, et tous les Germains auront passé le Rhin : il ne restera plus aux Gaulois qu'à abandonner leur pays. César seul peut arrêter l'invasion de ces hordes barbares et défendre la Gaule contre les violences d'Arioviste par son prestige, par celui de son armée, par l'éclat de sa victoire récente et par la gloire du nom romain. Ils implorèrent son secours.

César vit dans ces faits un sujet digne de ses méditations. Il considérait d'abord comme une honte pour lui et pour la République que les Éduens, ses alliés, fussent asservis par les Germains et humiliés au point de livrer des otages à Arioviste et aux Séquanes. Et quant aux continuelles migrations des peuples barbares, celles des Germains constituaient alors un sérieux péril pour l'existence de Rome. Les Gau-

lois avaient cessé d'être des ennemis redoutables. Fixés depuis plusieurs siècles dans la région comprise entre l'Océan, les Pyrénées, la
Méditerranée, les Alpes et le Rhin, devenue pour eux comme une
nouvelle patrie, ils avaient appris à connaître l'abondance et un plus
grand bien-être par le voisinage des provinces et par le commerce
maritime; d'ailleurs, vaincus dans un grand nombre de combats, ils
avaient perdu de la confiance en leur bravoure et n'osaient même
plus, sous ce rapport, se comparer aux Germains. Mais s'ils avaient
cessé d'être dangereux pour Rome, il n'en était pas de même des
Germains, peuple pauvre, de mœurs barbares, ne vivant que pour la
guerre et n'ayant ni propriété ni demeures fixes. Si ce peuple jeune
et rude, d'une valeur réputée indomptable, venait à s'emparer de la
Gaule, il était à craindre que, à l'exemple des Cimbres et des Teutons,
il ne se jetât sur la Province romaine et de là sur l'Italie. Ces raisons
engagèrent César à promettre sa protection aux chefs gaulois qui
étaient venus la lui demander. Son intention était de proposer une
entrevue au chef germain. Pensant qu'Arioviste n'avait pas oublié la
faveur dont le sénat l'avait honoré, sous son consulat, en lui donnant
le titre de roi et d'ami du peuple romain, il espérait en obtenir des
concessions propres à garantir l'intégrité du territoire de la Gaule.

César envoya donc des députés à Arioviste, qui se trouvait alors,
comme il est permis de le croire, vers Germersheim ou Selz, dans le
pays des Triboques. Il lui faisait connaître son désir de s'entretenir
avec lui d'affaires importantes pour l'un et pour l'autre, et l'invitait
à choisir un lieu intermédiaire où ils pussent se rencontrer. Arioviste
répondit que s'il avait besoin de conférer avec César, il irait le trouver;
que César n'avait qu'à agir de même; que d'ailleurs il ne risquerait
pas de se rendre, sans armée, dans la partie de la Gaule que César

occupait, et que des troupes ne pouvaient être rassemblées sans de grands embarras et beaucoup de frais : du reste, il ne s'expliquait pas ce qu'il pouvait avoir à démêler avec César ou avec le peuple romain dans cette Gaule conquise par ses armes.

Sur ce refus dédaigneux, César envoya de nouveau vers le roi germain pour lui signifier ses conditions : Arioviste devait ne plus attirer de Germains en deçà du Rhin, rendre aux Éduens leurs otages, et permettre aux Séquanes de rendre ceux qu'ils détenaient; en outre, cesser d'inquiéter les Éduens, et ne pas leur faire la guerre. S'il acceptait ces conditions, il pouvait compter sur l'amitié du peuple romain; mais s'il les refusait, César se verrait obligé de prendre parti pour les Éduens, amis et alliés de la République.

La réponse d'Arioviste fut celle d'un chef qui ne reconnaît aucun pouvoir comme supérieur au sien. « Le droit de la guerre, dit-il, autorise le vainqueur à disposer des vaincus comme bon lui semble. Je ne prescris pas aux Romains comment ils doivent user de la victoire. Pourquoi viendraient-ils donc me gêner dans l'exercice de mes droits? Les Éduens sont devenus mes tributaires parce qu'ils ont tenté le sort des armes et qu'ils ont été vaincus. César commet une grande injustice en venant, par son ingérence, diminuer mes revenus. Je ne rendrai pas les otages, je ne ferai la guerre ni aux Éduens ni à leurs alliés, 'ils exécutent les traités et s'ils payent chaque année le tribut imposé; autrement, le titre de frères et d'alliés du peuple romain ne leur servira guère. César me menace de ne pas rester indifférent au sort des Éduens : qu'il sache que personne ne m'a jamais bravé impunément. Libre à lui de m'attaquer; il apprendra à connaître la valeur de ces invincibles Germains qui, depuis quatorze ans, n'ont pas couché sous un toit. »

Dans le même temps que César recevait cette présomptueuse réponse, il lui parvenait de divers points de la Gaule des nouvelles alarmantes. Des députés envoyés par les Éduens l'informaient que les Harudes avaient poussé leurs incursions jusqu'à la Saône et dévastaient leur pays : c'étaient vingt-quatre mille Germains, qui allaient augmenter les forces d'Arioviste. Mais un renseignement beaucoup plus grave était donné par les Trévires : ils faisaient connaître que les cent cantons des Suèves entreprenaient déjà de passer le Rhin.

Ces nouvelles plongèrent César dans une vive inquiétude [1]. Après avoir promis aux peuples gaulois de les protéger contre les violences d'Arioviste, il venait de signifier à ce roi des Suèves qu'il ne souffrirait pas que les Germains continuassent à franchir le Rhin. Ce rôle d'arbitre, il se l'était arrogé dans la supposition où il n'aurait eu à combattre, en cas de rupture, que les vieilles bandes germaines établies sur la gauche du fleuve. Or il apprenait tout à coup que les cent cantons des Suèves étaient sur le point d'envahir la Gaule : une telle conjoncture accroissait singulièrement les périls de la guerre, car toutes les forces d'une formidable invasion allaient se joindre à celles dont Arioviste disposait déjà à l'ouest du Rhin. En cette situation difficile, César, campé au centre de la Gaule, loin des provinces de son gouvernement, dans un pays inconnu des Romains, devait-il persister dans ses prétentions et, pour les imposer, mener jusqu'au Rhin, à la rencontre d'ennemis redoutables, son armée non encore faite à toutes les épreuves de la guerre? Mais alors, quelles ne seraient pas les conséquences d'un désastre dans ces régions reculées! Fallait-il, au contraire, céder aux exigences d'Arioviste, ce qui était manquer

---

[1] Voir *Explications et remarques*, page 82.

à l'engagement pris envers les Gaulois, compromettre la gloire du
nom romain, et, chose grave, laisser la Gaule en proie à des peuples
barbares qui se précipiteraient ensuite sur la Province et sur l'Italie?
La décision à prendre avait une immense portée. Après avoir mis
en balance, d'une part, les risques et les dangers de cette guerre,
de l'autre, l'intérêt de sa propre gloire et celui de la République,
inséparables l'un de l'autre, César résolut de marcher vers le Rhin
à la rencontre d'Arioviste. Il savait que l'armée germaine n'était pas
beaucoup plus nombreuse que la sienne, et il se flattait de l'atteindre
avant la jonction des nouveaux contingents suèves.

En conséquence il se hâta de pourvoir aux vivres : les Lingons et
les Leuques s'engagèrent à lui fournir du blé. Il s'instruisit de toutes
choses auprès des Gaulois, particulièrement de la route à suivre et des
ressources qu'on trouvait dans les pays où il allait passer. L'armée,
campée sur l'Armançon, à Tonnerre, avait à se diriger de l'ouest à
l'est, depuis l'extrémité occidentale du territoire lingon jusqu'à la vallée
du Rhin. Cette direction est marquée aujourd'hui par les vestiges de
la voie romaine qui, après la conquête de la Gaule, relia Tonnerre à
Langres, et par la route de Langres à la trouée de Belfort, dépression
de terrain qui sépare les Vosges du Jura et donne entrée dans la
plaine de la haute Alsace. (Voir *planche 1.*) César se proposait de
marcher à grandes journées.

L'armée comptait les six légions qui venaient de faire la guerre des
Helvètes; savoir : les 7ᵉ, 8ᵉ, 9ᵉ, 10ᵉ, 11ᵉ et 12ᵉ. Les quatre premières
se composaient de vieux soldats; parmi elles, la 10ᵉ s'était signalée
par sa valeur et par son dévouement à la personne de César : aussi
avait-il pour cette légion une prédilection méritée. La 11ᵉ et la 12ᵉ
avaient été levées en Italie le mois d'avril précédent. Ces six légions,

c'est-à-dire l'infanterie de bataille, présentaient un effectif général d'environ vingt-sept mille combattants. La cavalerie, composée de Gaulois, s'élevait à quatre mille hommes; elle était commandée par le jeune Publius Crassus. Plusieurs mille hommes de troupes auxiliaires complétaient le total des forces disponibles. A tout prendre, cette armée en était à sa première campagne; elle n'avait encore livré qu'une bataille, et il s'en fallait de beaucoup qu'elle fût tout à fait aguerrie. César avait auprès de lui cinq lieutenants que le sénat lui avait accordés. Ces hauts personnages n'étaient pas désignés pour commander les légions; ils étaient simplement à la disposition de César, qui se réservait de les employer à son gré, selon les circonstances. En outre, on rencontrait dans son entourage, ou préposés à différentes charges, beaucoup de jeunes gens de la noblesse romaine, les uns qui, par attachement pour lui, s'étaient offerts à l'accompagner en Gaule, les autres qu'il avait emmenés à la recommandation de ses amis ou de personnages influents de Rome.

César se mit en mouvement le 13 août. Le troisième jour de marche, après de fortes étapes, d'environ quatre-vingt-dix kilomètres au total, qui le conduisirent à Arc-en-Barrois, sur l'Aujon, on lui annonça qu'Arioviste s'était avancé de trois journées au delà de son territoire et qu'il se portait sur Vesontio (*Besançon*) dans l'intention de s'emparer de cette place importante. A cette nouvelle, César crut que l'armée germaine avait déjà atteint la contrée de Cernay, d'où elle pouvait arriver à Vesontio en quatre ou cinq jours de marche. (Distance de Cernay à Besançon : cent vingt-cinq kilomètres.) Vesontio était la plus grande ville de la Séquanie; on y trouvait en abondance tout ce qui était nécessaire à une armée. Ses défenses naturelles la rendaient presque imprenable. En effet, la ville de Besançon, qui s'est

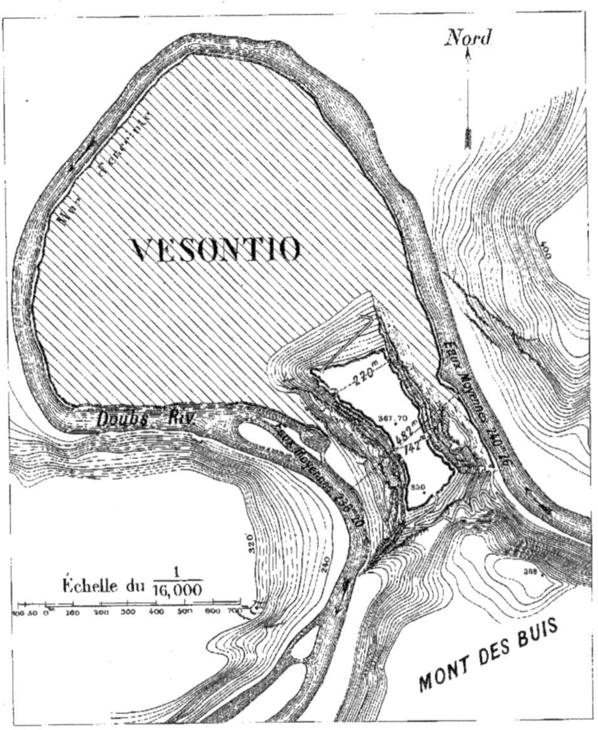

substituée à Vesontio, occupe, comme on le sait, l'intérieur d'une
sinuosité du Doubs, qui, semblable à une boucle, l'entoure presque
entièrement. L'ouverture de la boucle, ou l'espace que l'eau n'entoure

pas, est fermée par un contrefort du mont des Buis dont les flancs, coupés à pic dans leur partie supérieure, descendent, de chaque côté, jusqu'aux bords du Doubs. Ce contrefort est couronné, à cent vingt-huit mètres d'altitude au-dessus du niveau des eaux de la rivière, par un plateau presque horizontal d'une largeur moyenne de cent quatre-vingts mètres (environ *six cents pieds romains*). Occupé aujourd'hui par la citadelle, ce plateau est la seule avenue naturelle qui permette d'accéder par terre à la ville. Du temps de César, il était enceint d'une muraille qui en faisait une forteresse rattachée à Vesontio. Grâce à la force de la position, celui qui était maître de la ville s'y trouvait en complète sûreté et pouvait, à son gré, différer la bataille, c'est-à-dire la décision de la guerre [1].

Pour ces raisons, César jugea qu'il fallait, de toute nécessité, prévenir Arioviste à Vesontio. A Arc-en-Barrois, il en était éloigné de cent trente kilomètres : l'armée marcha à tire-d'aile, jour et nuit, par Langres, Grenant et Seveux, où elle passa la Saône. (Voir *planche 1*.) Le 19 août, elle arriva à Vesontio et prit possession de la place. La nouvelle qui avait engagé César à se détourner de la route directe vers l'est était fausse : Arioviste n'avait pas quitté le pays des Triboques.

Toutefois, pour César, qui tenait à atteindre les Germains le plus tôt possible, l'occupation de Vesontio ne compensait pas le retard qu'avait entraîné le dernier changement de direction, et malheureusement ce retard allait encore être accru par le besoin d'assurer les subsistances sur la nouvelle ligne d'opération, celle de Vesontio au

---

[1] Dans l'antiquité, en effet, la bataille décidait toujours du sort d'une campagne. (Voir *Histoire de Jules César, Guerre civile*, tome II, pages 365 et 378, Du sens des expressions *bellum ducere* et *bellum trahere*.)

Rhin. Pendant que César était occupé à faire ces préparatifs, l'armée vint à subir une épreuve inattendue.

Les officiers et les soldats, dans leurs rapports journaliers avec les marchands ou les habitants de Vesontio, se montraient avides de recueillir des renseignements sur les pays que l'armée allait avoir à traverser et sur les ennemis qu'elle était appelée à combattre. Par les réponses faites à leurs questions, ils apprirent que ces pays étaient montueux, couverts de forêts profondes, sans autres routes que des défilés impraticables; et quant aux Germains, c'étaient, leur disait-on, des hommes féroces, d'une taille gigantesque, d'un aspect terrifiant. A ces récits exagérés, preuves de la crainte qu'inspirait Arioviste dans toute la Gaule depuis sa victoire de Magetobria, vinrent s'ajouter des nouvelles inquiétantes : une multitude innombrable de Germains, assurait-on, se réunissaient pour passer le Rhin; beaucoup l'avaient même déjà franchi et s'étaient joints aux bandes d'Arioviste. Ces bruits et ces nouvelles portèrent le découragement dans l'esprit des troupes. Les premiers qui s'effrayèrent furent les tribuns des soldats, les chefs des auxiliaires et ces jeunes gens, peu habitués au métier des armes, qui avaient accompagné César en Gaule dans l'espoir d'obtenir sans peine quelque célébrité ou un avancement rapide. Bientôt toute l'armée fut frappée d'une vague terreur. Les soldats se lamentaient sur la situation, se demandaient ce qu'ils étaient venus faire dans ce pays barbare, accusaient César de les mener à leur perte. Tous cherchaient des prétextes qui pussent justifier leur conduite : pour les uns, c'était la difficulté de traverser des défilés et de vastes forêts; pour les autres, l'impossibilité des transports et le manque de vivres; d'autres encore alléguaient l'illégalité de cette guerre qui serait sûrement désapprouvée à Rome. D'après eux, César, en l'entreprenant sans un ordre du sénat et du peuple, se rendait coupable de l'usurpation de la souveraineté et n'obéissait qu'au seul intérêt de son ambition. A l'abattement général des esprits vint se joindre un mécontentement qui alla jusqu'à prendre une couleur de révolte : on informa César que lorsqu'il ordonnerait le départ, les soldats n'obéiraient pas.

César, à qui la destinée réservait une carrière traversée d'étonnantes épreuves, en subissait une des plus difficiles dès sa première année de guerre. Devait-il, lui le vainqueur des Helvètes, lui qui venait d'assumer la responsabilité des derniers événements, renoncer à une entreprise à peine commencée et retourner dans la Cisalpine? C'eût été subir la désobéissance de son armée, laisser avilir les droits du commandement, se déshonorer dans l'esprit des peuples de la Gaule à qui il aurait manqué de parole; c'eût été s'avouer vaincu par la force des circonstances, se soumettre à l'arrogance d'Arioviste, se perdre à jamais dans l'opinion et donner son nom, sa réputation, sa conduite en pâture à la méchanceté de ses ennemis de Rome. César n'hésita pas. Il réunit en une assemblée les tribuns des soldats et les centurions de toutes les classes [1]. D'un ton sévère, il leur dénia le droit de vouloir pénétrer ou juger ses desseins. « On prétend, dit-il, que cette guerre viole la loi, que le sénat n'en a pas délibéré, que le peuple ne l'a pas décrétée. Mais n'a-t-elle pas éclaté pendant que nous combattions des ennemis de la République? Si donc il était impossible d'en délibérer, la nécessité doit tenir lieu de sanction. Pourquoi le sénat et le peuple m'auraient-ils donné une armée de

---

[1] Ordinairement ces assemblées, sortes de conseils de guerre, n'étaient composées que des tribuns des soldats et des centurions de la première classe. (*Guerre des Gaules*, V, 30, et VI, 7.) Celle de Besançon fut d'environ quatre cents officiers.

plusieurs légions pendant cinq ans, si ce n'était pas avec le droit de ne prendre, à l'occasion, conseil que de moi-même? »

Voulant ensuite enflammer le courage des officiers de l'armée au souvenir des hauts faits du temps passé, il leur rappela que si leurs ancêtres avaient triomphé de tous les peuples et rendu la République si grande, ce n'était pas en vivant dans l'insouciance et le repos, en évitant les guerres, en fuyant les périls, mais au contraire en les bravant, en supportant les fatigues, en mettant leur fortune en jeu comme un bien qui ne leur appartenait pas. Il peignit l'insolente conduite d'Arioviste qui, à la proposition d'une entrevue, lui avait répondu par un refus et par l'injonction d'aller le trouver, humiliant de la sorte un proconsul, les faisceaux et l'armée entière. Des Romains pouvaient-ils supporter de pareils outrages, abandonner leurs alliés et déshonorer par là les exploits de leurs pères? César se déclara prêt cependant à éviter la guerre si Arioviste consentait à lui donner la satisfaction qu'il en exigerait. Il ne doutait pas que le chef germain, aussitôt instruit de ses propositions, n'en reconnaîtrait l'équité et ne les accepterait plutôt que de renoncer à l'amitié du peuple romain et à la sienne. Mais s'il devait en être autrement et qu'Arioviste, entraîné par un esprit de vertige, se décidât pour la guerre, qu'y aurait-il tant à craindre? Ne comptaient-ils donc pour rien leur courage ni, en ce qui le regardait personnellement, la conscience des devoirs de sa charge? Il leur remit en mémoire que leurs pères avaient eu raison de ces mêmes ennemis lorsque, sous Marius, ils avaient chassé d'Italie les Cimbres et les Teutons; que, plus récemment encore, la race germaine avait été défaite dans la révolte des esclaves; que les Helvètes l'avaient vaincue dans maints combats, et qu'eux, à leur tour, venaient de battre les Helvètes. D'ailleurs Arioviste, non préparé à la guerre, était pris au dépourvu; aucun de ses voisins n'aurait le temps de le secourir. Les barbares qu'il conduit combattaient presque nus, en désordre; leur ardeur s'épuisait promptement; les légionnaires avaient, au contraire, pour eux le nombre, la jeunesse, l'expérience de la guerre, leurs armes, leur constance.

César ajouta : « Il en est parmi vous qui, pour déguiser leurs craintes, allèguent la difficulté des chemins et le manque de vivres; je les trouve bien audacieux de prétendre me dicter mes devoirs. Les soins de la guerre me regardent : nous ne manquerons pas de vivres; les Séquanes, les Leuques, les Lingons nous fourniront le blé; déjà même il est mûr dans les campagnes. Quant aux chemins par où je compte mener l'armée, vous en jugerez bientôt par vous-mêmes. Les soldats, me dit-on, n'obéiront pas et refuseront de me suivre : ces propos ne m'émeuvent point; une armée ne méconnaît la voix de son chef que lorsque celui-ci est, par sa faute, abandonné de la fortune ou convaincu de cupidité. Pour moi, ma vie entière prouve mon intégrité, la guerre des Helvètes, mon heureuse fortune. Mon intention était de me mettre en marche dans quelques jours; mais je donnerai l'ordre de lever le camp dès demain matin : aussi bien suis-je impatient de savoir si, chez vous, la crainte l'emportera sur l'honneur et le devoir. Et d'ailleurs, nul ne dût-il me suivre, je partirai seul avec la 10ᵉ légion; son dévouement à ma personne ne se démentira pas; je sais qu'elle se jetterait dans le feu pour moi : elle sera ma cohorte prétorienne. »

Ce discours, bientôt connu de tout le camp, produisit un changement merveilleux dans le moral des soldats : ils cessèrent de se plaindre, ils reprirent contenance; chacun voulut se montrer digne du nom romain, fidèle au devoir et à la gloire nouvellement acquise.

·La 10ᵉ légion chargea ses tribuns de remercier César de la confiance qu'il avait en elle et se déclara prête à marcher. Bientôt après, les autres légions lui députèrent leurs tribuns et leurs centurions de première classe pour s'excuser auprès de lui; elles nièrent leurs hésitations et leurs craintes, et prétendirent n'avoir jamais porté sur la guerre un jugement qui n'appartenait qu'à César. L'armée ne manifesta plus qu'un seul désir : celui de marcher à l'ennemi.

César s'était informé des routes à suivre auprès de Divitiacus, chef éduen en qui il avait une entière confiance. Il en avait appris que pour se rendre de Vesontio dans la vallée du Rhin par la voie la plus directe, il fallait d'abord traverser, par des chemins difficiles, une région coupée et très boisée, mais qu'on pouvait la contourner à l'ouest dans un pays ouvert, ce qui exigeait un détour de plus de cinquante milles (*soixante-quatorze kilomètres*); et que, ce détour achevé, on débouchait, en reprenant la marche directe, facilement dans la vallée du Rhin. Cette région de montagnes boisées est celle qui comprend le bassin du Doubs depuis Besançon jusqu'à Montbéliard et le bassin de l'Ognon, c'est-à-dire la partie septentrionale de la chaîne du Jura. On la contourne en effet circulairement, à travers une contrée ouverte et peu accidentée, par Voray, Rioz, Filain, Vallerois-le-Bois, Villersexel et Arcey. (Voir *planche 1*.) Le détour est d'environ soixante-quinze kilomètres. A partir d'Arcey, on gagne sans difficulté la dépression de terrain comprise entre les Vosges et le Jura (la trouée de Belfort), laquelle est comme la porte d'entrée de la haute Alsace.

César se décida à contourner les montagnes. Comme il l'avait annoncé dans son allocution aux officiers de l'armée, il ordonna le départ pour le lendemain 23 août, à la quatrième veille (*2 heures 1/2 du matin*). Tant pour atteindre Arioviste le plus tôt possible que pour profiter des bonnes dispositions qu'il avait su réveiller dans l'esprit des troupes, il comptait marcher tous les jours, c'est-à-dire sans un seul jour de repos intermédiaire.

Après avoir passé la trouée de Belfort, l'armée déboucha dans la plaine du Rhin et longea le pied des Vosges dans la direction marquée aujourd'hui par Cernay, Isenheim et Rufach. Le septième jour, compté depuis le départ de Vesontio, ou le 29 août, elle arriva à l'extrémité septentrionale du pays des Séquanes, et elle établit son camp sur la gauche de la Fecht, en plaine, entre Ostheim et Gemar. Elle avait fait à peu près cent quatre-vingt-dix kilomètres, à raison de vingt-sept kilomètres par étape moyenne. Les rapports des éclaireurs firent connaître que l'armée germaine n'était plus qu'à vingt-quatre milles (*trente-cinq kilomètres et demi*) de distance.

Arioviste campait en effet sur la Brüche, entre Dorlisheim et Rosheim. Son armée comptait trente-six mille combattants, dont trente mille d'infanterie et six mille de cavalerie. Elle était suivie d'un grand nombre de femmes et d'enfants, traînés sur des chariots. Cette multitude fut consternée à l'annonce de la subite arrivée de l'armée romaine, dont la renommée retentissait dans toute la Gaule depuis la défaite des Helvètes. Étonné de l'audace de César, le roi germain députa vers lui : il faisait dire qu'il consentait à une entrevue, maintenant que le général romain s'était rapproché et que, pour lui-même, il n'y avait plus aucun danger à s'y rendre. César, supposant Arioviste revenu à des idées plus conciliantes, et dans l'espoir d'un accommodement, ne rejeta point l'ouverture qui lui était faite. On convint d'une entrevue qu'on fixa au cinquième jour suivant. Le lieu choisi pour la rencontre était un tertre, situé presque à mi-chemin des deux camps. Séparé des pentes inférieures des Vosges par une assez vaste

dépression de terrain où passe aujourd'hui la voie ferrée de Schlettstadt à Saverne, il domine de plus de cinquante mètres la plaine
dans laquelle il est assis, et, de son sommet, on voit aussi loin que

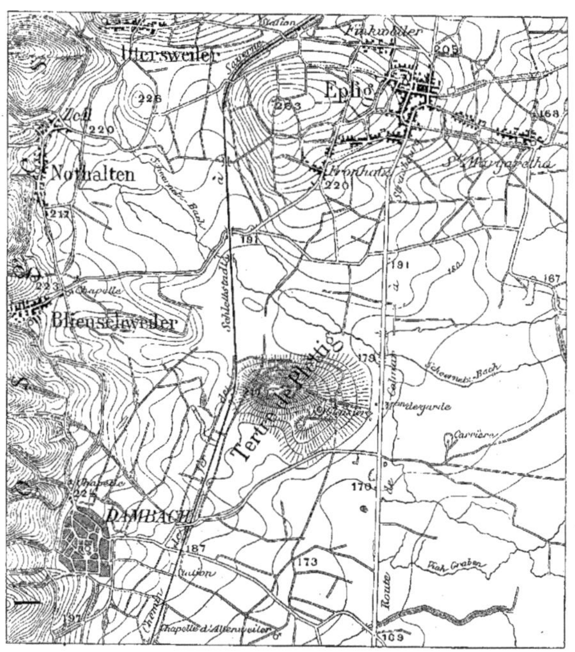

la vue peut s'étendre. Les habitants de la contrée l'appellent, à cause
de sa forme arrondie, *la bosse de Plettig*.

Avant le jour fixé, Arioviste, de crainte d'une embûche, fit savoir qu'il ne se rendrait à l'entrevue qu'à une condition : c'était que César n'amenât avec lui aucun fantassin, et que des deux côtés on se contentât de cavalerie pour escorte. Désireux de ne fournir aucun prétexte à une rupture, César y consentit.

Le jour de l'entrevue, ne voulant pas commettre la sûreté de sa personne aux cavaliers gaulois, il fit monter tous leurs chevaux par les soldats de la 10ᵉ légion, et se rendit au tertre de Plettig sous l'escorte de cette cavalerie improvisée, mais fidèle. Il la plaça à deux cents pas (*trois cents mètres*) de l'éminence; la cavalerie d'Arioviste s'en tint à la même distance. Celui-ci demanda que l'entretien eût lieu à cheval et que les deux chefs ne se fissent accompagner chacun que de dix cavaliers. Lorsqu'on fût en présence, César commença par rappeler au chef germain les marques de bienveillance qu'il avait reçues du sénat et de lui personnellement : il avait été appelé roi et ami par le sénat, il avait été comblé des plus riches présents; ces honneurs, il les avait obtenus sans titres suffisants pour y prétendre, de la seule libéralité du sénat et de la sienne propre. César lui dépeignit la politique du peuple romain, qui, invariable dans ses principes, voulait que les alliés ou les amis de la République ne perdissent rien de leur puissance, mais gagnassent au contraire en influence, en autorité et en honneur. Or les Éduens étaient, d'ancienne date, en rapport intime avec Rome; ils avaient tenu de tout temps, même avant de rechercher l'amitié du peuple romain, le premier rang parmi les nations de la Gaule : la République ne pouvait donc consentir à une diminution de la part d'influence qu'ils avaient apportée dans leur alliance avec elle. César renouvela ensuite les conditions qu'il avait déjà présentées par ses délégués un mois auparavant : Arioviste devait ne faire la guerre ni aux Éduens ni à leurs alliés, rendre les otages et ne pas permettre que les Germains continuassent à passer le Rhin.

Arioviste, traitant d'égal à égal, répondit fièrement à ces prétentions : « Il n'avait franchi le Rhin, dit-il, qu'à la prière des Gaulois. Pour se résoudre à quitter son pays et ses proches, il avait fallu qu'il pût compter, comme dédommagement, sur des récompenses proportionnées à un tel sacrifice; les terres dont on l'accusait de s'être emparé lui avaient été cédées par les Gaulois; ceux-ci lui avaient livré volontairement des otages. Quant au tribut, il le leur a imposé, selon l'usage, en vertu des droits que donne la victoire. Ce n'est pas lui qui a commencé la guerre; tous les peuples de la Gaule sont venus l'attaquer à la fois. S'ils veulent de nouveau tenter le sort des armes, ils le trouveront prêt pour la bataille. A la vérité, il a recherché l'amitié du peuple romain; mais c'était dans l'espoir d'y trouver avantage. Si elle doit lui devenir préjudiciable, il y renoncera avec autant d'empressement qu'il en avait mis à la solliciter. S'il fait passer tant de Germains dans la Gaule, c'est pour sa propre sûreté. Il y est entré avant les Romains : jamais, jusqu'à ce jour, une armée romaine n'avait franchi les limites de la Province. De quel droit vient-on dans un pays qui lui appartient? Que lui veut-on? César dit que le sénat a donné aux Éduens le titre de frères; mais lui, Arioviste, n'est ni assez barbare ni assez étranger aux affaires pour ignorer que, dans leur lutte contre lui et les Séquanes, ils n'ont pas prétendu à l'aide des Romains, et qu'ils n'ont envoyé à ceux-ci aucun secours dans la dernière guerre des Allobroges. Il a lieu de soupçonner que l'amitié pour les Éduens n'est qu'un prétexte, et que César n'est venu dans la Gaule avec une armée que pour le perdre. A moins donc que César ne se retire, il le regardera comme un ennemi et le traitera comme

tel. Il sait, par des messages venus de Rome, qu'en le faisant périr,
il gagnerait la bienveillance et l'amitié d'un grand nombre des premiers et des plus illustres personnages de la République. Mais si on
lui laisse la libre possession de la Gaule, il se chargera de toutes les
guerres que César voudrait entreprendre et saura largement le ré-
compenser. »

Ce langage n'était pas fait pour concilier des prétentions si diver-
gentes. César répliqua en insistant sur les raisons qui défendaient à
la République d'abandonner ses alliés. Il dit que, selon lui, la Gaule
n'appartenait pas à Arioviste plutôt qu'aux Romains : et, comme
preuve, il rappela qu'après la victoire remportée par Fabius Maximus
sur les Arvernes et les Rutènes, Rome fit grâce à ces peuples, ne
réduisit pas leur pays en province et ne leur imposa point de tribut;
qu'ainsi, à considérer la priorité de conquête, elle donnait au peuple
romain les droits les mieux fondés à la souveraineté de la Gaule; que
si on préférait s'en rapporter à la décision du sénat, la Gaule devait
rester libre, puisque le sénat avait voulu que, même après avoir été
vaincue, elle conservât ses lois.

Les deux chefs en étaient là de l'entretien lorsqu'on avertit César
que des cavaliers germains s'approchaient du tertre, s'avançaient vers
les soldats de la 10ᵉ légion et leur jetaient des pierres et des traits.
Il rompit aussitôt la conférence, rejoignit sa légion et défendit aux
soldats de riposter : non qu'il craignît que cette troupe d'élite ne pût
tenir tête à la cavalerie germaine; mais parce qu'il ne voulait pas que
les ennemis, s'il venait à les battre, vinssent l'accuser d'avoir profité
de leur bonne foi pour les surprendre dans une entrevue concertée
d'avance.

Dès le retour de César au camp de la Fecht, l'armée connut,

8.

dans tous les détails, les hautaines exigences d'Arioviste, la défense faite aux Romains d'occuper la Gaule, l'acte de perfidie de la cavalerie germaine, la rupture de la conférence. Les esprits s'en irritèrent; l'affront reçu excita l'indignation; la guerre était inévitable.

Tous les soldats, pour satisfaire leur curiosité, questionnèrent leurs camarades de la 10e légion, qui venaient de voir les Germains de près pour la première fois : ils voulaient savoir ce qu'il fallait penser de ces ennemis qu'on disait si redoutables. Ils apprirent ainsi que les Germains étaient, comme on les leur avait dépeints à Vesontio, des hommes de haute stature, d'aspect farouche; que ces barbares portaient des vêtements courts et des peaux de bêtes couvrant les épaules et ramenées sur la tête : leurs armes étaient une longue épée, une pique, des javelots et un bouclier long et étroit.

Quoique Arioviste se fût déterminé à la guerre, il comptait différer la bataille : les mères de famille chargées, selon l'usage, de consulter le sort avaient en effet déclaré que les Germains ne pourraient vaincre s'ils combattaient avant la nouvelle lune [1]. Mais pour que son inaction, succédant à ses orgueilleux discours, ne fût pas mise sur le compte de la timidité, il chercha à gagner du temps, et, dès le lendemain de l'entrevue, il fit proposer à César de reprendre les pourparlers qui avaient été interrompus : il l'invitait à fixer un jour pour un nouvel entretien, ou sinon à lui envoyer un de ses lieutenants. César, instruit par l'acte de perfidie de la veille, ne vit pas de motif pour consentir à une seconde entrevue. Il ne voulut pas non plus exposer un de ses lieutenants aux injures des barbares, et il

[1] L'an 58 avant notre ère, la nouvelle lune du mois de septembre tombait le 18.

jugea plus prudent de députer Valerius Procillus, fils d'un Gaulois
devenu citoyen romain, qui parlait la langue celtique, familière à
Arioviste, et Marcus Metius, lié avec ce dernier par les droits de
l'hospitalité. Mais à peine furent-ils dans le camp ennemi qu'Arioviste
les traita d'espions et les fit jeter dans les fers.

Le roi germain conçut alors le projet d'intercepter les communications de César avec la Séquanie et le pays des Éduens. Il fallait,
pour l'exécuter, se porter au delà du camp romain et s'emparer de
la route par laquelle César recevait ses convois de vivres.

On comprendra mieux les opérations de guerre dont le récit va
suivre lorsqu'on aura pris une idée exacte de la configuration des
Vosges dans la partie qui regarde la Fecht, Gemar, Ostheim et le
château de Schoppenweier.

La chaîne des Vosges, dans cette partie, est coupée par deux gorges
étroites : l'une qui débouche dans la plaine à Sigolsheim et donne
passage à la Weiss, l'autre qui débouche à Rappoltsweiler, en face
de Gemar, et où coule un petit ruisseau nommé le Streng-Bach. (Voir
planche 2.) Dans l'espace de six à sept kilomètres compris entre ces
deux gorges, le flanc oriental des montagnes s'abaisse vers la Fecht
en belles pentes régulières, aussi bien disposées pour y faire camper
des troupes que pour y recevoir la bataille. Ce sont d'abord les
pentes qui portent les villages de Bennweier, Mittelweier et Bebelnheim, puis celles de la hauteur de Zellenberg, lesquelles s'étendent
depuis Bebelnheim jusqu'à la gorge du Streng-Bach. La route par
laquelle arrivaient les convois expédiés à l'armée romaine, longeait,
à partir de Belfort et de Cernay, le pied des montagnes; dans la
contrée d'Ostheim et de Gemar, où elle s'appelle encore de nos jours
die alte Landstrasse ou *die Römerstrasse,* elle passait au bas des

hauteurs de Bennweier, de Bebelnheim et de Zellenberg, parallèlement au cours de la Fecht.

Arioviste résolut d'aller s'établir sur les pentes qui viennent d'être décrites, pentes limitées au nord par la gorge du Streng-Bach et au sud par celle de la Weiss. Il comptait s'y poster, au delà du camp romain, sur la ligne de communication de César, et intercepter les ravitaillements qu'envoyaient les Séquanes et les Éduens. Cette position était à plus de quarante kilomètres de la Brüche où campaient les Germains : il leur fallait donc deux marches pour l'atteindre. La première ne présentait aucune difficulté d'exécution, car Arioviste, à la distance qui le séparait de César, pouvait la faire en plaine. Mais il n'en était pas de même de la seconde qui l'obligeait à défiler devant le camp ennemi. Il prit ses mesures pour opérer cette marche de flanc par les hauteurs où il ne pouvait être ni attaqué, ni inquiété pendant sa manœuvre [1].

Le 5 septembre, c'est-à-dire le jour où il avait fait arrêter Procillus, Arioviste se mit en opération. Parti des bords de la Brüche, il alla camper au pied des Vosges, à six milles (*neuf kilomètres*) de César, vers Kestenholz, sur le ruisseau nommé le Giessen. En s'arrêtant là, au nord du camp romain, il ne dévoilait en rien ses intentions, et, posté au bas des montagnes, il était en situation de s'y engager le jour suivant, dès le commencement de la marche qu'il avait encore à faire pour atteindre les hauteurs de Zellenberg et de Bebelnheim.

---

[1] Le soldat légionnaire était pesamment armé, et par cette raison, une troupe légionnaire était incapable d'attaquer un ennemi posté ou cheminant sur un terrain en pente même peu incliné. Une armée pouvait donc marcher impunément par les hauteurs, même en prêtant le flanc, devant une armée romaine établie dans la plaine. Ainsi s'explique la manœuvre qui va être décrite, par laquelle Arioviste défila devant le camp romain.

Afin d'être plus mobile pendant sa manœuvre de flanc, Arioviste ordonna de faire prendre les devants, dans la nuit même, aux chariots, aux femmes et aux enfants [1]. Le lendemain, 6 septembre, l'armée leva son camp de Kestenholz et prit la route de montagnes qui longe les pentes inférieures des Vosges dans la direction marquée aujourd'hui par Kinzheim, Saint-Pilt et Bergheim. Arrivées à l'entrée de la gorge du Streng-Bach, en face du camp de César, les têtes de colonne continuèrent leur marche et gravirent le flanc oriental de la hauteur de Zellenberg. Toute l'armée suivit, défilant devant le camp romain à quelques kilomètres de distance. Elle prit position à deux milles (*trois kilomètres*) au delà, face à la Fecht, la droite vers Bebelnheim : Arioviste commandait la route qui passait au pied des montagnes et il coupait les communications de César avec ses alliés.

Les Germains campèrent par peuplades séparées, Harudes, Marcomans, Suèves, Triboques, Vangions, Nemètes, Sédusiens, chacune comprenant les combattants, les femmes, les enfants, avec de nombreux chariots.

Du haut des tours élevées sur le parapet du camp romain, on avait aperçu l'armée ennemie s'avançant le long des montagnes par Kinzheim, Saint-Pilt et Bergheim. César, qui ne connaissait pas le dessein d'Arioviste, avait cru d'abord, comme à la seule chose probable, que les Germains se rapprochaient de lui avec l'intention d'offrir la bataille, soit le jour même, soit un des jours suivants. Mais

---

[1] C'est là, de notre part, une simple supposition, mais qui nous paraît justifiée à tous les points de vue. On ne peut croire, en effet, qu'Arioviste ait exécuté un mouvement aussi difficile que l'était une marche de flanc dans les montagnes en laissant son armée encombrée d'une multitude de chariots portant les bagages, les femmes et les enfants. Il est probable que les chariots filèrent par Saint-Pilt, Rodern, Rappoltsweiler et Hunaweier.

bientôt après, il avait vu les colonnes d'Arioviste atteindre successivement la gorge du Streng-Bach, dépasser son camp et occuper la hauteur de Zellenberg. Il était impossible que son erreur se prolongeât : il était coupé de la Séquanie et du pays éduen; il voyait Arioviste établi sur des hauteurs inattaquables, et interceptant les ravitaillements de l'armée romaine.

C'était une raison pour que César désirât livrer la bataille sans délai; mais craignant que ses troupes ne fussent pas complètement remises de la terreur panique qui les avait saisies à Vesontio quinze jours auparavant, il jugea prudent de ne pas offrir le combat avant que leur moral ne fût à toute épreuve. Les tenir enfermées dans le camp n'eût fait qu'affaisser davantage leur esprit : voici alors le plan d'opération qu'il adopta.

Il se proposait d'abord de ranger l'armée en bataille à la vue de l'ennemi, mais en la tenant adossée au camp, sous la protection des retranchements, des tours et des machines. Arioviste devait avoir ainsi la possibilité de combattre, s'il le voulait absolument malgré l'avantage que César se réservait.

Si Arioviste n'attaquait pas, César comptait, les jours suivants, se placer un peu plus loin des retranchements, et, renonçant ainsi à l'appui qu'il en avait tiré jusque-là, offrir la bataille en rase campagne, dans des conditions moins désavantageuses pour l'ennemi.

Si, malgré cela, les Germains n'acceptaient point le combat, César, jugeant le moral des soldats graduellement affermi par les précédentes manœuvres, se proposait de porter l'armée encore plus près du camp ennemi pour provoquer Arioviste à la bataille.

En conséquence de ce plan sagement conçu, César, le lendemain du jour où les Germains étaient venus s'établir sur sa ligne de com-

munication, fit sortir ses troupes et les déploya sur trois lignes, adossées aux retranchements. (Voir *planche 2, 1ʳᵉ position.*) Mais Arioviste,
décidé à ne pas donner bataille avant la nouvelle lune, ne quitta pas
sa position. Cinq jours de suite, César agit de même : chaque fois
les Germains se bornèrent à engager des escarmouches de cavalerie
auxquelles ils étaient fort exercés. Aux six mille cavaliers de leur armée
étaient adjoints un pareil nombre de fantassins d'élite, parmi lesquels
chaque cavalier en avait choisi un, chargé de l'assister dans le combat.
Selon les circonstances, les cavaliers se repliaient sur les fantassins
ou ceux-ci se portaient à leur secours. Telle était leur agilité, qu'ils
suivaient les chevaux à la course en s'attachant à la crinière.

Les jours s'écoulaient : César, qui ignorait la cause de l'inaction
d'Arioviste, reconnut la nécessité de rouvrir ses communications. Les
Vosges projettent, entre Bebelnheim et Mittelweier, un contrefort qui
fait saillie dans la plaine de la Fecht et qui s'y termine sous la forme
d'une colline ou plutôt d'une croupe arrondie, propre à l'établisse-
ment d'un camp. Ce bout du contrefort était situé au delà de l'extrême droite des Germains, à six cents pas (*neuf cents mètres*) de
distance environ, et la route dont Arioviste s'était emparé en rasait
le pied. (Voir *planche 2.*) César redevenait maître de sa ligne de
communication s'il réussissait à occuper la croupe faisant saillie. Il y
dirigea son armée disposée sur trois colonnes parallèles. Les troupes
qui composaient la colonne de gauche étaient munies d'outils, de
palissades et de bois, pour que la position pût être promptement
fortifiée. Après l'avoir atteinte, les trois colonnes se mirent en bataille
sur autant de lignes correspondantes. Pendant que les deux premières
restaient sous les armes, la troisième retrancha la colline. Arioviste
détacha seize mille hommes de troupes légères et toute sa cavalerie

9

pour empêcher les travaux; mais la troisième ligne les continua sous la protection des deux premières qui repoussèrent les attaques. Le camp une fois fortifié, César y laissa deux légions plus une partie des auxiliaires et ramena les quatre autres légions au camp principal. Les deux camps romains étaient à quatre ou cinq kilomètres l'un de l'autre.

Les subsistances se trouvaient de nouveau assurées, et la conduite timide des Germains avait contribué à relever le moral de l'armée romaine : César estima qu'il pouvait se montrer plus hardi. Le 13 septembre, conformément à son plan, il fit sortir ses troupes des deux camps, et les ayant portées à une petite distance du grand, il les rangea en bataille. (Voir *planche 2, 2ᵉ position.*) Quoique le combat leur fût ainsi offert en plaine rase, assez loin des retranchements, les Germains persistèrent à ne pas se présenter : vers midi, César fit rentrer l'armée. Arioviste vit là une occasion favorable pour enlever le petit camp. Il en était très près; l'armée romaine était restée sous les armes jusqu'au milieu du jour; et il fallait aux quatre légions du grand camp un assez long temps pour en ressortir et pour atteindre le contrefort de Bebelnheim : ces raisons lui firent espérer le succès d'une attaque vigoureuse et prompte. Il attendit que les Romains fussent rentrés dans leurs camps; puis il donna l'ordre d'assaillir la position. Les troupes désignées pour ce coup de main se ruèrent sur les retranchements du côté des montagnes où l'attaque était plus facile. (Voir *planche 2, flèches vertes.*) Les deux légions et les auxiliaires, qui défendaient le camp, eurent à résister aux plus rudes assauts; on se battit avec opiniâtreté jusqu'au soir sans que les Germains parvinssent à forcer les retranchements.

Cependant César ne s'expliquait pas la conduite d'Arioviste. Ayant ce même jour interrogé les prisonniers, il apprit enfin pour quel

motif les Germains refusaient la bataille. Une chance inespérée lui
était ainsi offerte; car il connaissait trop bien la force de l'opinion à la
guerre pour ne pas tirer parti de la situation. A quelque prix que ce
fût, il fallait obliger Arioviste à combattre avant la nouvelle lune : par
là, le jour de la rencontre décisive, la confiance des troupes romaines
devait s'accroître de tout ce que les Germains perdraient de la leur.
Aussi, le soir même, César donna les instructions nécessaires pour la
bataille qu'il espérait livrer le lendemain. Les deux légions établies à
Bebelnheim et la partie des auxiliaires restée au camp de la Fecht
eurent ordre de se relever réciproquement pendant la nuit; une force
regardée comme suffisante fut désignée pour garder les deux camps.

Dans la matinée du 14 septembre, les six légions sortirent du
grand camp sur trois colonnes et marchèrent dans la direction d'Ostheim, parallèlement à la Fecht. (Voir *planche 2*.) La colonne de droite
comprenait vingt-quatre cohortes dont quatre de chaque légion, la
colonne du milieu dix-huit cohortes dont trois de chaque légion,
la colonne de gauche douze cohortes dont deux de chaque légion.
Ces colonnes étaient destinées à former les trois lignes de bataille.
Dans chacune d'elles, les cohortes marchaient par le flanc, la gauche
en tête, sur huit hommes de front. Lorsque les têtes de colonne
furent arrivées à hauteur du contrefort de Bebelnheim, les hommes de
toutes les cohortes firent un à droite individuel, et l'armée, déployée
sur trois lignes, face aux Vosges, marcha droit sur le camp ennemi.
Comme César n'avait pas un nombre de légionnaires en rapport
avec le nombre de combattants dont disposaient les Germains, il
fit ranger les auxiliaires, le dos au petit camp, sur les pentes du
contrefort, de manière que leur droite vînt s'appuyer à la gauche de
l'infanterie légionnaire. En les présentant ainsi sur le prolongement

de son front à la vue de l'ennemi, contrairement aux principes de formation adoptés dans les armées romaines, il espérait tromper Arioviste, qui ne manquerait pas, sans doute, de les prendre pour des troupes légionnaires, et qui le croirait plus fort en infanterie de bataille qu'il ne l'était réellement.

Les six légions s'arrêtèrent dans la plaine, à quelques centaines de mètres de la ligne marquée aujourd'hui par la vieille route, dite *alte Landstrasse*, qui longe le pied des Vosges. Elles présentaient, sur deux kilomètres et demi de longueur, vingt-quatre cohortes en première ligne, dix-huit cohortes en deuxième et douze cohortes en troisième ligne. La 10ᵉ légion tenait la droite. César, pour exciter encore l'ardeur de ses soldats, crut devoir leur donner des témoins de leur courage : dans cette intention, il mit ses cinq lieutenants chacun à la tête d'une légion, et son questeur à la tête de la légion restante. La plus grande partie de la cavalerie de Publius Crassus flanquait la droite, l'autre partie fut placée du côté de l'aile gauche, derrière les lignes d'infanterie.

Tous ces mouvements de l'armée romaine s'étaient exécutés à la vue des Germains, sans que ceux-ci bougeassent de leur position. César ordonna à des troupes armées à la légère de monter les pentes et de lancer dans le camp ennemi des pierres et des traits. Exaspérés à une telle provocation, les Germains n'y tinrent plus. Ils descendirent des hauteurs et se mirent en bataille, par ordre de peuplades, à des intervalles égaux. Pour s'ôter tout espoir de retraite, ils s'enfermèrent en arrière et latéralement par des enceintes de voitures et de chariots sur lesquels ils firent monter les femmes : tout en pleurs, les bras étendus, elles conjuraient les hommes qui marchaient au combat de ne pas les livrer en esclavage aux Romains.

Arioviste avait déployé l'armée en plaine, au pied des montagnes, face à la Fecht. Voyant sa droite débordée par les auxiliaires de César, rangés dans une forte position sur la déclivité du contrefort de Bebelnheim, et craignant, en cas d'échec, d'être poursuivi par ces troupes légères, il renforça beaucoup son aile droite en y portant une nombreuse infanterie. Toute la cavalerie, forte de six mille chevaux, fut réunie sur la gauche, face à celle des Romains.

César reconnut la ligne ennemie. Il jugea bientôt que l'aile gauche en était la partie la moins forte, ce qui le décida à se réserver le commandement immédiat de son aile droite, dans l'espoir de remporter un prompt succès qui déconcerterait les Germains de l'aile droite et lui faciliterait la victoire complète. Ses troupes se montraient impatientes d'en venir aux mains.

Au signal donné, les deux premières lignes de l'armée romaine se portent vivement en avant; mais les Germains, poussant de grands cris, se précipitent à leur rencontre si soudainement et d'une course si rapide, qu'ils ne laissent pas aux légionnaires le temps de lancer les pilums. Les légionnaires les jettent, saisissent leurs épées. Aussitôt, avec une incroyable promptitude, les troupes germaines se forment en phalanges d'environ trois cents hommes, ceux du premier rang tenant devant le corps leurs boucliers placés jointifs, les autres tenant les leurs au-dessus de la tête pour la couvrir comme d'un toit. Dans toute l'étendue des lignes s'engage le combat des cohortes romaines contre ces redoutes vivantes. C'était là, pour les soldats de César, une bataille d'un tout autre genre qu'à la journée de Montmort où, ayant pu faire une décharge générale des pilums, qui avait obligé beaucoup d'Helvètes à se débarrasser de leurs boucliers, ils avaient lutté homme à homme contre des ennemis décou-

verts ou gênés pour combattre. Ici, au contraire, les coups d'épée
étaient impuissants à ébranler ces murailles de boucliers tenus par
des hommes grands et forts. La bataille allait présenter un caractère
singulier : si les Germains parvenaient à résister aux attaques assez
longtemps pour que les soldats romains s'épuisassent en efforts inu-
tiles, ils se jetaient alors sur les cohortes excédées de fatigue et leur
faisaient essuyer un désastre ; au contraire, si les légionnaires réussis-
saient, à force de constance et de fermeté, à ébranler les phalanges
et à y pénétrer, ils massacraient sur place, à l'aide de leurs courtes
épées à pointe d'acier, ces barbares demi-nus, serrés les uns contre
les autres, et embarrassés pour se mouvoir et pour manier leurs
piques ou leurs longues épées. Ceux-ci avaient pour eux la force du
corps, la bravoure, le sentiment de leur invincibilité, le plus entier
mépris de la mort ; les Romains étaient intrépides, disciplinés, en-
durcis à la fatigue par les marches, les corvées, la construction des
camps ; en un mot, par tous les rudes travaux du métier des armes.
Il fallait s'attendre à une bataille longue et acharnée.

Le combat devint bientôt une lutte corps à corps où Romains et
Germains ne se servaient même plus de leurs armes : ils se heurtaient,
se pressaient, se poussaient, cherchant à se faire reculer ou à se ren-
verser les uns les autres. Se fiant à leur force, beaucoup de Germains saisissaient au corps leur adversaire, le terrassaient et le mor-
daient, comme dans un accès de rage. Mais les légionnaires ne se
décourageaient pas : ils opposaient aux barbares leur intrépidité et
leur adresse. On en vit, d'audacieux et d'agiles, jeter leurs boucliers,
s'élancer sur les toits des phalanges, arracher les boucliers formant
couverture et, à coups d'épée portés de haut en bas aux ennemis,
leur transpercer les épaules. Les morts ne tombaient pas : ils res-

taient debout, à leur place, comme étayés par les vivants, tant les rangs étaient serrés.

Sur toute la longueur du front la bataille était des plus rudes. Enfin, après de longs efforts, les troupes romaines de l'aile droite, animées par la présence de César, finirent par triompher de la bravoure des Germains. Elles rompirent les phalanges et y pénétrèrent. Alors chaque coup d'épée, porté dans ces masses compactes, tuait ou blessait un de ces ennemis à moitié nus, qu'un ordre de combat barbare empêchait de se mouvoir, de se déployer et même de se défendre. Les vaincus cédèrent le terrain et s'enfuirent en désordre vers leurs enceintes de chariots.

Pendant qu'à l'aile gauche d'Arioviste la victoire se déclarait pour les Romains, à l'aile droite la bataille présentait un aspect différent. Là les phalanges germaines ne s'étaient pas laissé entamer : elles résistaient à tous les assauts, sans néanmoins lasser la constance des légionnaires. Mais, tandis que les cohortes des deux premières lignes se trouvaient toutes engagées, les barbares, grâce à leur nombre, composaient sans cesse des phalanges de troupes fraîches, qui se portaient sur le front de bataille et qui appuyaient ou relevaient celles que le combat avait fatiguées. Peu à peu l'impétuosité des Romains se ralentit : ils étaient à bout de forces. Au même instant, les Germains les pressent avec un redoublement d'énergie; le désordre se met dans les rangs des cohortes. Publius Crassus, qui, loin de la mêlée, se trouvait bien placé pour embrasser tout le champ de bataille, aperçoit le danger et prend sur lui d'envoyer la troisième ligne au secours des cohortes ébranlées.

L'attaque de cette infanterie qui n'avait pas encore donné rétablit le combat. Il se prolongea avec des chances balancées; jusqu'à ce que les troupes de l'aile droite d'Arioviste fussent rompues à leur tour : elles se réfugièrent, comme l'avaient déjà fait celles de l'aile gauche, dans les remparts de chariots qui protégeaient leurs derrières. Là, réunis à leurs femmes et à leurs enfants, les Germains opposèrent encore une longue résistance. Les uns, montés sur les chariots, lançaient des javelots sur les Romains; les autres, placés entre les roues, se défendaient à coups de pique et à coups d'épée. On voyait les femmes exciter les combattants par leur exemple. Mais l'issue de la lutte ne pouvait plus être douteuse. Dans leur fureur, les soldats romains tuèrent sans merci un grand nombre d'hommes, de femmes et d'enfants. Craignant d'être tous massacrés, les barbares prirent la fuite en laissant le terrain couvert de leurs morts. Arioviste se sauva avec la cavalerie.

Dès ce moment les vaincus inondèrent la plaine et offrirent le spectacle d'une horrible déroute. Ils descendirent le cours de l'Ill, sans s'arrêter de nuit ni de jour, jusqu'au confluent de cette rivière et du Rhin, à cinquante milles (*soixante-quatorze kilomètres et demi*) du champ de bataille (à la Wanzenau et Kilstett), chacun ne songeant qu'à franchir le fleuve au plus vite.

César, le lendemain de la bataille, se mit à leur poursuite avec toute sa cavalerie. Lorsque à la fin du jour suivant il arriva au confluent de l'Ill et du Rhin, la multitude des Germains y était agglomérée sur les bords du fleuve. Les uns essayaient de le passer à la nage, les autres sur des barques. De ce nombre fut Arioviste : il se jeta dans une nacelle qu'il trouva amarrée à la rive et s'échappa de la sorte. La cavalerie gauloise tailla en pièces tous ceux qu'elle atteignit, entre autres les deux femmes d'Arioviste; l'une était suève, l'autre originaire du Noricum. Elles avaient deux filles; l'une fut tuée

et l'autre prise. César eut le contentement de délivrer lui-même Procillus, que les Germains entraînaient chargé d'une triple chaîne et
qui avait vu les barbares consulter trois fois le sort pour savoir s'ils le
brûleraient vif. Metius aussi fut retrouvé peu de temps après.

Il périt à la bataille de la Fecht et dans la déroute quatre-vingt
mille Germains. Le bruit de la victoire de César s'étant répandu au
delà du Rhin, les Suèves, qui franchissaient le fleuve vers Mayence
et Mannheim, se retirèrent dans l'intérieur de la Germanie. Les
Ubiens, peuple de même race qu'eux, et leurs ennemis d'ancienne
date, les poursuivirent et en tuèrent un grand nombre. César ramena
l'armée dans l'intérieur de la Séquanie (probablement à Vesontio ou
sur la Saône, aux environs de Chalon) et la mit en quartiers d'hiver.

Deux mois s'étaient écoulés depuis le jour où les peuples de la
Gaule, divisés par les factions et incapables de défendre eux-mêmes
leur indépendance, avaient manifestement avoué leur faiblesse en
suppliant César, par l'entremise des principaux chefs, de les délivrer
d'une invasion étrangère. Le désastre des Germains dans la plaine
de la Fecht avait sauvé la Gaule; mais les Gaulois s'étaient donné un
maître. Dans une guerre qui dura sept ans, César, profitant de leurs
discordes pour les opposer les uns aux autres, les soumit à l'empire
de Rome. A la vérité, un peu avant la fin de cette guerre, dans l'ar-
dent désir de reconquérir leur liberté, ils oublièrent pour un moment
leurs jalousies mutuelles et se liguèrent contre l'ennemi commun;
mais il était trop tard. Des troupes, quelque nombreuses qu'elles
fussent, formées de contingents levés à la hâte, ne pouvaient rien
contre César et son armée fortement organisée, permanente et disciplinée.

EXPLICATIONS ET REMARQUES.

[Les dates sont exprimées en style julien.]

Ces *Explications et remarques* ont pour but de justifier différentes parties du récit que nous avons présenté. Elles renferment en outre quelques considérations qui nous sont suggérées par l'étude des *Commentaires*.

DES PERTES ET DE LA LIGNE DE RETRAITE DES HELVÈTES.

L'émigration gauloise comptait au début 263,000 Helvètes, 36,000 Tulinges, 14,000 Latobriges, 23,000 Rauraques et 32,000 Boïens : en tout, 368,000 individus, dont 92,000 en état de porter les armes. (*Guerre des Gaules*, I, 29.) Elle éprouva au passage de la Saône un premier échec [1] qui la réduisit dans une assez forte proportion, difficile à déterminer exactement. César, en effet, se borne à dire, qu'ayant été informé par ses éclaireurs que les trois quarts des Helvètes avaient déjà traversé la Saône et que l'autre quart était encore en deçà, il partit de son camp vers minuit avec trois légions, atteignit à l'improviste ceux qui étaient restés sur la rive gauche, en tua un grand nombre et dispersa le reste : il ajoute que ce désastre tomba sur les Tigurins, l'une des quatre peuplades dont se composait la nation des Helvètes. (*Guerre des Gaules*, I, 12.) Ce récit, fait en traits généraux, ne précise pas le chiffre des pertes essuyées par les émigrants. Fut-il du quart de leur nombre total,

[1] Au nord de Trévoux, dans la vallée du Formans. (*Histoire de Jules César*, par Napoléon III, tome II, page 53, édition de l'Imprimerie impériale.)

ce qui ferait 92,000 individus, ou fut-il seulement de 65,000 à 66,000, le quart du nombre des Helvètes, lesquels formaient la partie principale de l'émigration? Le doute est permis si on considère que César désigne par le mot *Helvetii* tantôt la généralité des émigrants, tantôt les Helvètes en particulier. Toutefois, si on veut se représenter les choses telles qu'elles se passent à la guerre, on se dira que le renseignement qui fut donné à César par ses éclaireurs avait été très probablement fourni à ceux-ci par les habitants du pays, qui l'appliquèrent, sans aucun doute, à toute l'émigration, d'une manière générale et approximative. En doit-on conclure que la perte des émigrants s'éleva à 92,000 têtes? Nous ne le pensons pas; car il ressort du chapitre 13 du texte des *Commentaires* que la partie de l'émigration restée sur la rive gauche de la Saône ne comprenait que le pagus des Tigurins; or, tout en admettant que ce pagus pût être le plus nombreux des quatre dont se composait le peuple helvète, on aura peine à croire qu'il en ait formé plus du tiers, c'est-à-dire 92,000.

Pour résoudre la difficulté, on remarquera qu'il a dû s'écouler quinze ou vingt heures entre le moment où le renseignement fut donné aux éclaireurs et celui de la bataille livrée dans la vallée du Formans; que les émigrants, pendant cet espace de temps, continuèrent certainement leurs opérations de passage, et que 10,000 à 12,000 des retardataires purent franchir la Saône. Il n'en serait donc plus resté qu'environ 80,000 sur la rive gauche lorsque César attaqua avec ses trois légions. Ces 80,000 individus représenteraient ainsi le pagus des Tigurins, que rien n'empêche de regarder comme ayant été plus nombreux que chacun des trois autres.

Nous adopterons ce chiffre de 80,000 comme celui des pertes essuyées par l'émigration au passage de la Saône. Le nombre des survivants serait alors de 288,000, dont 72,000 en état de combattre. Les *Commentaires* nous apprennent qu'après la bataille de Montmort, les émigrants n'étaient plus que 130,000 : ils avaient donc perdu dans cette journée

158,000 individus, et on peut, pour fixer les idées, présenter les tableaux suivants :

SITUATION NUMÉRIQUE DE L'ÉMIGRATION LE MATIN DE LA BATAILLE DE MONTMORT.

Avant-garde de la colonne de chariots.............. 15,000 hommes.
Colonne de chariots (vieillards, femmes, enfants)....... 216,000 individus.
Arrière-garde de la colonne de chariots (Boïens, Tulinges). 15,000
Armée proprement dite......................... 42,000 hommes.

Total.................. 288,000

PERTES DE L'ÉMIGRATION À LA JOURNÉE DE MONTMORT.

Au combat de la colline d'Armecy.................. 4,000 hommes.
Au combat des hauteurs de Montmort................ 10,000
Au combat   { Combattants (Boïens et Tulinges)....... 7,000
de la Bretache { Vieillards, femmes et enfants.......... 122,000 individus.
Dispersés..................................... 15,000

Total.................. 158,000

Les 130,000 restants se retirèrent, après la bataille, dans le pays des Lingons. D'après le recensement ordonné par César, le nombre de ceux qui rentrèrent dans leur pays fut de 110,000. (*Guerre des Gaules*, I, 29.) La différence de 20,000 se compose des 6,000 hommes de la peuplade nommée Verbigène, qui furent passés par les armes, et probablement de 14,000 Boïens[1] à qui César permit de s'établir dans le pays des Éduens. (*Guerre des Gaules*, I, 28.)

Les chiffres portés dans le second tableau ci-dessus diffèrent de ceux que nous avons donnés à la page 452 du tome second de l'*Histoire de Jules César, Guerre civile;* nous les regardons comme se rapprochant

[1] Ces 14,000 Boïens furent sans doute rejoints par tous les dispersés de leur peuplade. Les Éduens leur donnèrent des terres au confluent de la Loire et de l'Allier.

davantage de la vérité. Si le nombre des vieillards, des femmes et des enfants tués à la Bretache atteignit, comme nous le supposons, celui de 122,000, on en conclut qu'il n'arriva sur le champ de bataille qu'un peu plus de la moitié de la colonne de chariots. La partie de la colonne qui n'arriva pas est évidemment celle qui, le matin, avait déjà dépassé Luzy. (Voir page 36.)

Aujourd'hui que l'emplacement du champ de bataille où César défit les Helvètes est sûrement déterminé, rien n'est plus facile que de retrouver la ligne de retraite suivie par les débris de l'émigration. On lit au chapitre 26 du livre Ier de la *Guerre des Gaules* que les Helvètes marchèrent toute la nuit qui suivit la bataille, et qu'ayant continué leur route sans l'interrompre ni de jour ni de nuit, ils arrivèrent le quatrième jour (celui de la bataille compté) sur le territoire des Lingons. Or il n'est pas douteux, pour qui connaît le pays, que pendant la première nuit, les émigrants échappés du champ de bataille et ceux qui n'avaient pu l'atteindre à temps se réunirent dans le fond de l'amphithéâtre de hauteurs où la ville de Luzy est aujourd'hui assise. Et, pour s'éloigner au plus vite de l'armée romaine victorieuse, ils durent prendre la route qui s'offrait à eux et qui menait droit au pays des Lingons : cette route est remplacée aujourd'hui par celle de Moulins-Engilbert, Lormes, Avallon et Tonnerre.

Mais quel lieu du territoire lingon les Helvètes atteignirent-ils le quatrième jour, après avoir marché sans s'arrêter autrement que pour les repos strictement nécessaires? Si on considère que la plupart de leurs chariots étaient traînés par des bœufs, on ne devra pas compter, en moyenne, plus de 2 kilomètres 1/2 pour le trajet fait à l'heure, et on en conclura qu'après une marche d'environ soixante heures, comptées depuis leur départ de Luzy, ils parvinrent à Tonnerre, dans la partie occidentale du pays des Lingons. La distance de Luzy à Tonnerre est en effet d'un peu moins de 160 kilomètres.

TABLEAU DE DISTANCES POUR L'INTELLIGENCE DE LA CAMPAGNE.

	kilomètres.
Du champ de bataille de Montmort à Luzy	13
De Luzy à Tonnerre, par Moulins-Engilbert, Lormes et Avallon	157
Du champ de bataille de Montmort à Tonnerre	170
De Tonnerre à Langres	120
De Tonnerre à Arc-en-Barrois. { par la voie	90
D'Arc-en-Barrois à Besançon, par Langres et Seveux. } romaine	130
De Besançon à Belfort, par Rioz, Filain, Villersexel et Arcey	105
De Cernay à Belfort	35
De Cernay à Besançon, par Belfort, Arcey, Soye et Marchaux	125
De Belfort à Ostheim, par Cernay, Isenheim et Rufach	80
D'Ostheim au sommet du tertre de Plettig	20
De la Brüche au sommet du tertre de Plettig	21
De Tonnerre à Germersheim, par Langres, Belfort et Strasbourg	500
De Germersheim à Dorlisheim, sur la Brüche	120
De Dorlisheim à Kestenholz	28
De Kestenholz à Rappoltsweiler, par Saint-Pilt et Bergheim	11
De Rappoltsweiler à Bebelnheim, par Zellenberg	5
Du champ de bataille au confluent de l'Ill et du Rhin	74

DES DATES DES PRINCIPAUX ÉVÉNEMENTS.

La date de la bataille de Montmort se place, avec une approximation suffisante, au 29 juin de l'an 696 de Rome. (Voir *Histoire de Jules César*, par Napoléon III, tome II, page 83, édition de l'Imprimerie impériale.) D'après les *Commentaires* (*Guerre des Gaules*, I, 26) César resta trois jours sur le champ de bataille de Montmort (soient le 30 juin, le 1er et le 2 juillet), et, le jour d'après, c'est-à-dire le 3 juillet, il se mit à la poursuite des Helvètes. Pour les atteindre sur l'Armançon, vers Tonnerre, il eut à franchir une distance de 170 kilomètres, ce qui suppose six journées de marche. La soumission des Helvètes serait donc du 8 juillet.

Cet événement fut suivi de la convocation de l'assemblée générale de

la Gaule, des négociations de César et d'Arioviste et de la guerre avec les
Germains, qui se termina par la bataille de la Fecht. La narration latine
ne fournit, pour cette période de temps, aucune date précise. On sait
simplement qu'à l'époque où César séjournait à Vesontio, le blé était déjà
mûr, «jam esse in agris frumenta matura». (*Guerre des Gaules*, I, 40.)
Cette indication marque assez clairement la seconde quinzaine d'août :
par suite, les opérations militaires dont la vallée du Rhin fut le théâtre
auraient eu lieu au mois de septembre suivant. On sait, de plus, que la
bataille contre Arioviste se donna peu de jours avant la nouvelle lune
qui, cette année-là, tombait le 18 septembre. On ne se trompera guère
en adoptant le 14 septembre pour la date de cette bataille. Il se serait
donc écoulé entre la bataille de Montmort et celle de la Fecht un espace
de trois mois et demi.

Si on remonte le cours des événements depuis la bataille de la Fecht
et qu'on tienne compte des faits rapportés dans les *Commentaires*, on trouve
que César a dû partir de Vesontio le 23 août, à un ou deux jours près.
(Voir *Tableau des dates*, page 115.) Il n'y resta que peu de jours : «Dum
paucos dies ad Vesontionem rei frumentariæ commeatusque causa mora-
tur». (*Guerre des Gaules*, I, 39.) En admettant quatre jours, il y serait
donc arrivé le 19 août. Nous montrerons, page 87, qu'il lui fallut sept
jours pour se rendre de Tonnerre à Vesontio; par conséquent on placera
au 13 août l'origine de sa marche à la rencontre d'Arioviste. (*Guerre des
Gaules*, I, 37, *fin.*) L'espace de temps écoulé depuis la soumission des
Helvètes (8 juillet) jusqu'au départ de Tonnerre (13 août) compte trente-
cinq jours : il est rempli par la convocation de l'assemblée générale de
la Gaule et par les négociations de César et d'Arioviste.

Parti de Vesontio le 23 août, César vint camper sur la Fecht le
septième jour de marche, c'est-à-dire le 29. A partir de ce moment, la
narration latine est assez précise pour qu'il soit possible de fixer les dates
des événements successifs. (Voir *Tableau des dates.*)

Cependant les chapitres 47 et 48 donnent matière à une remarque, peu importante d'ailleurs. On pourrait croire, à la lecture du chapitre 47 et de la première phrase du chapitre 48 : «Eodem die castra promovit. . . », que les faits qui y sont relatés se passèrent dans la même journée. Or cela n'est pas possible. Puisque l'armée germaine ne s'était pas encore rapprochée et qu'elle campait à 24 milles (*35 kilomètres 1/2*) de distance, il est impossible, en effet, de placer à un même jour l'envoi de députés par Arioviste, l'envoi de Procillus par César et la première marche de l'armée germaine, qui fut d'environ 19 milles (*28 kilomètres*). Il faut donc admettre que Procillus ne fut envoyé auprès d'Arioviste que le lendemain du jour où celui-ci demanda la reprise des pourparlers.

DES NÉGOCIATIONS DE CÉSAR ET D'ARIOVISTE.

Lorsque l'assemblée générale de la Gaule eut terminé ses délibérations, César promit aux chefs gaulois de s'intéresser à leurs affaires, et il envoya des députés à Arioviste. (*Guerre des Gaules*, I, 33 et 34.) On ignore où se trouvait alors le roi des Germains. Le faire séjourner dans le Wurtemberg, comme l'a proposé le général de Göler, est une erreur manifeste; car il n'est pas possible qu'en trente-cinq jours, comptés depuis la soumission des Helvètes (8 juillet) jusqu'au départ de César pour la vallée du Rhin (13 août), les députés aient pu parcourir quatre fois de suite la distance qui aurait séparé les deux chefs, surtout ayant à franchir autant de fois le Rhin, qui n'avait pas de ponts, et qu'on ne traversait probablement pas par un service de bateaux régulièrement organisé.

Nous croyons qu'Arioviste se trouvait, à cette époque, dans un des pays de la rive gauche du Rhin, peut-être chez les Triboques, vers Germersheim ou Selz : il ne fallait pas aux députés de César plus de cinq ou six jours pour faire le trajet de Tonnerre à Germersheim, trajet de

5oo kilomètres environ. (Voir, pour la vitesse des courriers, *Histoire de Jules César, Guerre civile*, tome I, page 195.)

Il serait encore possible qu'Arioviste eût alors séjourné, de sa personne, dans la partie de la Séquanie dont il s'était emparé, laquelle correspond assez exactement à la haute Alsace. (*Guerre des Gaules*, I, 31.)

DES PERPLEXITÉS DE CÉSAR.

(Guerre des Gaules, I, 37.)

César, ayant promis son appui aux chefs gaulois, était entré en négociation avec Arioviste; mais il en avait reçu une réponse si hautaine qu'une entente devenait difficile. Ce fut dans ces circonstances, lorsque la guerre contre les troupes éprouvées du roi des Germains semblait inévitable, qu'il apprit une nouvelle exceptionnellement grave : les cent cantons des Suèves allaient se joindre à l'armée d'Arioviste; ils campaient sur le Rhin et entreprenaient de passer ce fleuve, «pagos centum Suevorum ad ripam Rheni consedisse, qui Rhenum transire conarentur». (*Guerre des Gaules*, I, 37.) Il écrit, faisant allusion au renseignement qui lui fut donné là : «Quibus rebus Cæsar vehementer commotus...» Nous ne connaissons pas d'autre circonstance où César, dans ses *Commentaires*, exprime avec une pareille force de langage l'impression que lui fit ressentir une nouvelle quelconque. Aussi avons-nous tenu à développer les causes de ses perplexités dans cette occasion. César n'entre dans aucun détail à ce sujet; on reconnaîtra aux explications présentées page 45 que le mot si juste de Montesquieu sur l'exposé des mœurs des Germains pourrait être généralisé ainsi : «Quelques pages de César sont des volumes.» (*De l'Esprit des lois*, XXX, 2.)

Les mots «qui Rhenum transire conarentur» signifient, selon nous, *qui entreprenaient de passer le Rhin*, et non pas, comme on le lit dans les traductions, *qui avaient l'intention de passer le Rhin*, ou *qui étaient prêts*

à passer le Rhin. En d'autres termes, les mots employés par César doivent
faire supposer un commencement d'exécution.

DE LA FORCE ET DE LA COMPOSITION DES ARMÉES ENNEMIES.

1° *Armée romaine.* — L'armée de César comprenait six légions; par
ordre de numéros, les 7ᵉ, 8ᵉ, 9ᵉ, 10ᵉ, 11ᵉ et 12ᵉ, 4,000 chevaux et les
troupes auxiliaires.

Comme on le sait, les légions, composées entièrement de citoyens
romains, constituaient l'infanterie de bataille proprement dite, c'est-à-
dire celle qui donnait ou recevait le choc, et qui combattait corps à corps.
Il est à croire que les six légions désignées ci-dessus avaient eu à la
bataille de Montmort, où les Helvètes s'étaient défendus avec opiniâtreté,
un assez grand nombre de blessés. C'est pourquoi nous réduisons à
4,500 hommes l'effectif moyen de ces six légions à l'origine de la guerre
contre les Germains. (Voir *Histoire de Jules César, Guerre civile,* tome II,
page 450.) On aurait ainsi, pour la force totale de l'infanterie de bataille,
27,000 hommes.

La cavalerie ne comptait aucun citoyen romain. César n'eut jamais,
dans ses guerres des Gaules, que de la cavalerie gauloise ou de la cavalerie germaine, souvent l'une et l'autre. Dans la guerre d'Arioviste, il
avait 4,000 cavaliers gaulois. (*Guerre des Gaules,* I, 15.)

Les troupes auxiliaires n'étaient pas armées pour le combat corps à
corps. Elles se composaient ordinairement d'archers de la Crète ou de
la Thrace, de frondeurs des îles Baléares et d'infanterie numide. Pour la
bataille, César les plaçait de différentes manières, selon les cas, et de
préférence derrière les ailes. A la bataille de la Fecht, il les rangea en
ligne sur le prolongement du front des légions. Comme il agit ainsi pour
tromper Arioviste (*Guerre des Gaules,* I, 51), on doit en conclure que,

selon les principes de la tactique romaine, les auxiliaires ne se mettaient pas habituellement aux ailes sur la ligne de bataille même. Leur rôle était de harceler l'ennemi et surtout de le poursuivre lorsque, vaincu, il avait tourné le dos et fuyait en jetant ses armes. César avait probablement plusieurs milliers d'auxiliaires dans cette première année de la guerre des Gaules.

On peut donc présenter comme il suit la composition de l'armée romaine :

Armée romaine
- Légionnaires, citoyens romains........ 27,000 hommes.
- Cavaliers gaulois.................. 4,000
- Troupes auxiliaires............ 5,000 à 6,000

2° *Armée germaine.* — L'Éduen Divitiacus fit connaître à César la situation politique de la Gaule dans un discours que les *Commentaires* nous ont conservé. On y voit qu'alors, en juillet de l'an 58 avant l'ère chrétienne, il y avait environ 120,000 Germains dans la Gaule, et qu'Arioviste, après s'être déjà approprié un tiers du territoire des Séquanes, exigeait encore de ceux-ci la cession d'un autre tiers pour y établir 24,000 Harudes qui étaient venus le joindre. (*Guerre des Gaules*, I, 31.) D'après cela on peut estimer à 144,000 le nombre des Germains dont Arioviste était le chef sur la gauche du Rhin. Cette agglomération, qui comptait les hommes capables de porter les armes, les vieillards, les femmes et les enfants, est incontestablement celle que César eut à combattre. Il nomme les différentes peuplades qui la composaient : Harudes, Marcomans, Triboques, Vangions, Nemètes, Sédusiens, Suèves. Dans l'émigration helvète, le nombre des hommes capables de porter les armes était, par rapport au nombre total des individus, dans la proportion de un sur quatre (*Guerre des Gaules*, I, 29); si on adopte ici la même proportion, on voit qu'approximativement l'armée germaine aurait compté 36,000 combattants. Et comme on sait qu'elle comprenait 6,000 cavaliers (*Guerre des Gaules*, I, 48), il s'ensuit qu'on peut estimer à 3o,ooo hommes la force de l'infanterie.

$$\text{Armée germaine} \begin{cases} \text{Infanterie} \dots \dots \dots \dots \dots \dots \dots \dots \quad 3\text{o,ooo hommes.} \\ \text{Cavalerie} \dots \dots \dots \dots \dots \dots \dots \dots \quad 6\text{,ooo} \end{cases}$$

Ces chiffres nous paraissent d'autant plus voisins de la vérité, qu'ils s'accordent assez bien, comme on va le voir, avec quelques indications fournies par César et par d'autres auteurs anciens. César, voulant faire connaître la raison qui l'engagea, le jour de la bataille, à déployer ses troupes auxiliaires adossées au petit camp, écrit : «quod minus multitudine militum legionariorum, pro hostium numero valebat». (*Guerre des Gaules*, I, 51.) A la rigueur, dire que le nombre des légionnaires n'était pas en rapport avec celui des ennemis, n'implique pas forcément l'infériorité numérique; car César a pu vouloir donner à entendre qu'il aurait fallu, pour tenir tête aux Germains à cause de leur bravoure, un nombre de légionnaires très supérieur au leur. Toutefois le sens de la phrase latine pourrait être aussi que le nombre des combattants ennemis l'emportait en réalité sur celui des légionnaires [1]. Ce fait est hors de doute si on en croit Dion Cassius qui donne explicitement aux Germains l'avantage du nombre. (*Histoire romaine*, XXXVIII, 47.) Enfin Plutarque (*Vie de César*, 19) et Appien (*Guerre celtique*, IV, 1, 3) portent tous les deux à 8o,ooo le nombre des Germains qui furent tués à la bataille et dans la poursuite; or ce chiffre suppose une très nombreuse agglomération d'individus et aussi un grand nombre de combattants.

---

[1] C'est-à-dire sur le nombre des légionnaires qui étaient rangés en bataille. Ce nombre était de 27,000 moins l'effectif des six cohortes laissées à la garde des deux camps. Si on tient compte des indisponibles, on voit que César ne mit pas en ligne de bataille plus de 24,000 légionnaires. (Voir *page 108.*)

DE LA MARCHE DE CÉSAR.

Après être resté trois jours pleins sur le champ de bataille de Montmort, César se mit à la poursuite des Helvètes par la route de Moulins-Engilbert, Lormes et Avallon, que ceux-ci avaient suivie. (Voir *page 38*.) Il les atteignit sur l'Armançon, vers Tonnerre, où il reçut leur soumission; puis il autorisa la réunion d'une assemblée générale de la Gaule et entra en pourparlers avec Arioviste. Nous avons établi, page 80, que la période de temps qui s'écoula depuis la soumission des Helvètes jusqu'au départ de César pour la vallée du Rhin, doit s'estimer à trente-cinq jours environ. Ici se présente une première question. L'armée romaine se déplaça-t-elle pendant cet espace de plus d'un mois, ou resta-t-elle campée à Tonnerre, chez les Lingons? On remarquera d'abord qu'il n'existe aucune raison pour croire à un déplacement. Que l'assemblée générale de la Gaule se soit réunie à Bibracte ou ailleurs, César et l'armée ne s'y rendirent certainement pas, comme on le voit par la première phrase du chapitre 31 du livre Ier de la *Guerre des Gaules*. Mais, au contraire, les considérations militaires obligent à laisser l'armée romaine dans la partie occidentale du pays des Lingons. César raconte, en effet, qu'ayant résolu de se porter à la rencontre d'Arioviste (vers le Rhin), il fit d'abord trois grandes étapes, après lesquelles il s'avança jour et nuit, à marches forcées, sur Vesontio (*Guerre des Gaules*, I, 38); or cela n'est possible que s'il se trouvait, à son départ, dans la partie du territoire lingon la plus éloignée de cette ville. Ajoutons que la route de Tonnerre à Langres était, dès cette époque, la grande voie de communication qui traversait le pays lingon de l'ouest à l'est. La voie romaine qui la remplaça plus tard, à quelques rectifications près, a laissé de nombreux vestiges, encore apparents aujourd'hui entre Tanlay et Gland, entre Laignes et Etrochey, entre Brion-sur-Ource et Bissey-la-Côte, et à Dancevoir. Aussi

est-il facile de suivre assez exactement l'armée romaine dans sa marche.
Si on la suppose partie de Tonnerre le 13 août, et si on compte les trois
premières étapes à raison de 30 kilomètres, on trouve qu'elle arriva,
le 15, à Arc-en-Barrois, sur la rivière d'Aujon. César, ayant appris là,
sur une nouvelle reconnue plus tard comme fausse, qu'Arioviste se portait
avec toutes ses troupes sur Vesontio et n'en était plus qu'à quelques
journées de distance, marcha aussitôt sur cette place à tire-d'aile, jour
et nuit. (*Chapitre 38, fin.*) Il avait le choix entre deux routes : l'une
par Vauxbons, Perrogney, Longeau, Champlitte, Gray (passage de la
Saône), Marnay et Besançon; l'autre par Langres, Grenant, Seveux
(passage de la Saône), Oiselay et Besançon. Ces deux routes ne diffèrent,
comme longueur, que de quelques kilomètres. Nous inclinons à adopter
la seconde, considérant que les villes gauloises auxquelles se sont substi-
tuées Langres et Besançon ne pouvaient manquer de se trouver reliées
par une route très fréquentée, comme l'indiquent encore les importants
vestiges de la voie romaine qui allait de l'une à l'autre, et qui a certainement remplacé une voie gauloise plus ancienne. On compte d'Arc-en-
Barrois à Besançon, par Langres et Seveux, 130 kilomètres environ :
l'armée, marchant jour et nuit, et en toute diligence, comme l'exige la
dernière phrase du chapitre 38, a pu les faire en soixante-douze heures.
Partie d'Arc-en-Barrois dans la matinée du 16 août, elle serait donc
arrivée à Vesontio dans la matinée du 19.

Pour ce qui concerne la marche de l'armée romaine depuis Besançon
jusqu'au champ de bataille de la Fecht, nous renvoyons aux pages 7 et 54.

DES MOUVEMENTS D'ARIOVISTE ANTÉRIEURS À L'ENTREVUE.

On n'a aucun renseignement sur les marches que put faire Arioviste
avant le jour où César campa à 24 milles de lui (*Guerre des Gaules,*
I, 41); on ignore où il se trouvait de sa personne et où était son armée.

Les *Commentaires* portent, comme seule indication, que César, après avoir fait trois fortes étapes, apprit que le roi des Germains marchait sur Vesontio avec toutes ses troupes et s'était déjà avancé de trois journées au delà de son territoire : « triduique viam a suis finibus profecisse ». (*Guerre des Gaules*, I, 38.) Mais que faut-il entendre ici par le territoire d'Arioviste? D'où venait le roi germain? Quelle direction suivit-il? Pour essayer d'éclaircir ces questions, il convient de traiter d'abord celle des territoires des peuples de la gauche du Rhin, dans la contrée correspondante à l'Alsace d'aujourd hui.

Avant la guerre des Éduens et des Arvernes unis aux Séquanes (*Guerre des Gaules*, I, 31), par conséquent avant l'arrivée de César dans la Gaule, on trouve, au sud des Trévires, la puissante nation des Médiomatrices dont le territoire s'étendait depuis le cours supérieur de la Meuse jusqu'au Rhin. Au sud des Médiomatrices et des Leuques, habitaient les Séquanes, dans le pays qui embrassait la haute Alsace et l'ancienne Franche-Comté. D'autre part, on lit dans les *Commentaires* que le Rhin baignait les contrées habitées par les Séquanes, les Médiomatrices, les Triboques et les Trévires (*Guerre des Gaules*, IV, 10), ce qui montre que pendant la guerre des Gaules, les Triboques, nation germaine, occupaient un territoire sur la rive gauche du Rhin. Comment expliquer ce fait, puisque César, par sa victoire de la Fecht, c'est-à-dire dès la première année de cette guerre, avait purgé la Gaule de tous les Germains qui l'avaient envahie? Faudrait-il donc croire qu'après cette bataille, et pendant que César conquérait la Gaule, les Triboques repassèrent le Rhin et se fixèrent sur la gauche du fleuve? Strabon, qui écrivait du temps d'Auguste, nous semble fournir la réponse à cette question. Il dit dans sa *Géographie*, livre IV, page 193 : « Après les Helvètes, les peuples qui habitent les bords du Rhin sont les Séquanes et les Médiomatrices chez lesquels se sont établis les Triboques, peuple germain qui a quitté son pays. » N'est-il pas permis d'inférer de là qu'antérieurement à la guerre des Gaules, les Triboques avaient passé le Rhin et qu'ils s'étaient fixés chez les Médiomatrices, le long du fleuve, non pas violemment par voie de conquête, mais par consentement mutuel et pacifique? Les deux peuples auraient occupé là, mêlés l'un à l'autre, le pays de plaine compris entre le Rhin et les Vosges depuis Spire jusqu'au-dessus de Strasbourg. Cette interprétation, que le dire de César : «Rhenus... per fines... Sequanorum, Mediomatricum, Tribocorum, Treverorum, citatus fertur» n'infirme en rien, permettrait de comprendre comment les Triboques restèrent sur la rive gauche du Rhin après la bataille de la Fecht, et comment ils s'y trouvaient encore du temps de Strabon [1]. Au sud du territoire occupé conjointement par les Triboques et les Médiomatrices, ces derniers se seraient étendus jusqu'à la Séquanie.

On sait, presque avec certitude, où confinaient l'un avec l'autre, dans la plaine d'Alsace, les territoires des Séquanes et des Médiomatrices : c'était dans la région où les Vosges se rapprochent le plus du Rhin, région que figure assez exactement une bande de terrain comprise entre deux lignes menées l'une par Gemar, l'autre par Schlettstadt, perpendiculairement à la direction générale de la chaîne de montagnes et du fleuve. Cette bande de terrain, de 9 kilomètres de largeur sur 18 kilomètres de longueur, offre tous les caractères voulus pour avoir été dans l'antiquité, où les obstacles naturels avaient beaucoup plus d'importance qu'aujourd'hui, une contrée de séparation entre deux peuples voisins; car depuis le Rhin jusqu'à la route de Gemar à Schlettstadt, c'est-à-dire dans sa plus grande étendue, elle présente des terrains humides et marécageux, coupés de tout un réseau de petits cours d'eau, où les communications ont toujours été des plus difficiles. La partie de plaine située

---

[1] D'après cela, les Triboques qu'Arioviste avait dans son armée (*Guerre des Gaules*, I, 51) n'auraient pas été ceux qui s'étaient fixés chez les Médiomatrices; il faudrait y voir une autre partie de la nation germaine de ce nom.

entre ladite route et les Vosges est au contraire aisée à parcourir dans tous les sens; mais étant très étroite, elle constitue une sorte d'étranglement, ou de goulot, qui permet, seul, de communiquer facilement de la plaine du Rhin supérieur à celle du Rhin inférieur, ou inversement. Entre Gemar et Schlettstadt, elle est coupée par un petit ruisseau, nommé l'Ecken-Bach, que les savants s'accordent à considérer comme ayant invariablement marqué soit une limite de diocèses, soit une limite territoriale, tantôt celle des diocèses de Bâle et de Strasbourg, tantôt celle de la haute Alsace et de la basse Alsace[1]. Tout porte à croire que l'Ecken-Bach était la limite qui séparait les Séquanes des Médiomatrices.

Cela admis, on pourra regarder comme probable qu'Arioviste, après la bataille de Magetobria, considéra le pays où s'étaient établis les Triboques, peuple de race germaine, comme placé sous sa domination et lui appartenant. Ce serait le territoire désigné par César écrivant : « Triduique viam a suis finibus profecisse ». On va voir que les considérations militaires permettent peut-être d'en déterminer la limite méridionale.

Comme on se le rappelle, César, arrivé sur l'Aujon, à Arc-en-Barrois, et croyant que l'armée germaine marchait sur Besançon, s'y porta en toute diligence pour l'y prévenir. Pour qu'il ait jugé ne pouvoir atteindre cette place avant Arioviste qu'en marchant à tire-d'aile, jour et nuit, il faut qu'il ait cru qu'à ce moment-là le chef germain en était plus rapproché que lui. On compte 130 kilomètres d'Arc-en-Barrois à Besançon : il dut donc croire qu'Arioviste avait déjà atteint ou dépassé Cernay (distance de Cernay à Besançon par Belfort, Arcey, Soye, Voillans et Marchaux : 125 kilomètres). Or, d'après la nouvelle qui fut donnée à César, Arioviste s'était avancé de trois journées au delà de son territoire, donc il faudrait en chercher la frontière au nord de la contrée de Cernay, à trois marches de distance. Si on estime à 75 kilomètres ces trois marches

[1] Voir, sur ce sujet, l'intéressante étude de M. August Schricker, dans les *Strassburger Studien*, 2ᵉ volume, 4ᵉ cahier, année 1884.

d'une armée germaine, embarrassée de chariots, de femmes et d'enfants, on trouve que ladite frontière est marquée par une ligne qui couperait la plaine d'Alsace dans la direction de Barr, Benfeld et Rheinau. Telle serait donc, à peu près, la limite méridionale du pays occupé alors par les Triboques sur la gauche du Rhin.

On ne peut se représenter les opérations d'Arioviste, antérieures à son entrevue avec César, qu'en raisonnant d'après les probabilités. Les *Commentaires* nous apprennent que l'armée romaine, sept jours après son départ de Vesontio, s'arrêta à 24 milles (*35 kilomètres 1/2*) des Germains. Cette distance est celle qui sépare la petite ville de Gemar, près de laquelle nous plaçons le camp romain, du cours de la Brüche : Arioviste aurait donc alors campé sur cette rivière, entre Dorlisheim et Rosheim. En allant toujours au plus probable, on se dira que pendant les premières négociations, lorsque César était encore chez les Lingons, Arioviste n'avait aucune raison pour hâter ses préparatifs, et qu'il ne dut se mettre en opération qu'à la nouvelle de la marche de César vers le Rhin. Or cette nouvelle put parvenir à sa connaissance au plus tard le 20 août, puisque l'armée romaine était partie de Tonnerre le 13. On admettra qu'il se trouvait alors de sa personne chez les Triboques, dans la contrée de Selz ou de Germersheim, et qu'après y avoir rassemblé ses troupes, il se mit en mouvement le 24 août pour se rapprocher de la Séquanie septentrionale. Il y a 120 kilomètres, ou cinq jours de marche, depuis Germersheim jusqu'à Dorlisheim; Arioviste serait donc arrivé sur la Brüche le 28 août, c'est-à-dire la veille du jour où César vint camper sur la Fecht, entre Gemar et Ostheim.

Arioviste ne fut pas rejoint à temps par les cent cantons des Suèves dont l'arrivée sur le Rhin et les entreprises de passage avaient été annoncées à César par les Trévires. (*Guerre des Gaules*, I, 37 et 54.) Il est probable que ces Suèves, venus de l'intérieur de la Germanie (Bavière, Wurtemberg, Saxe-Cobourg, etc.), suivirent, les uns la vallée du Neckar, les autres la vallée du Main, qui sont les deux voies naturelles pour déboucher sur le Rhin. Leurs tentatives de passage purent se faire en même temps près des embouchures de ces deux rivières, c'est-à-dire vers Mannheim et Mayence, ou bien encore dans l'étendue comprise entre ces deux points.

UNE REMARQUE SUR LA DESCRIPTION DE VESONTIO.

César, après avoir dit, dans sa description de Vesontio, que le Doubs entoure la ville presque entièrement, ajoute : « reliquum spatium, quod est non amplius pedum DC., qua flumen intermittit, mons continet magna altitudine, ita, ut radices montis ex utraque parte ripæ fluminis contingant ». (*Guerre des Gaules*, I, 38.) La montagne ici désignée est l'extrémité du contrefort du mont des Buis, laquelle remplit tout l'espace que le Doubs n'entoure pas. (Voir la *figure, page 48.*) Cet espace mesure 482 mètres, ou à peu près 1,600 pieds romains de largeur. Le contrefort présente à la rivière deux flancs, l'un au nord-est, l'autre au sud-ouest, qui y descendent presque à pic. A 129 mètres d'altitude au-dessus du niveau des eaux moyennes du Doubs, il est couronné d'un plateau à peu près horizontal par où on accède à la ville quand on vient du sud. Ce plateau a 142 mètres de plus petite largeur et 220 mètres de plus grande largeur, par conséquent, en moyenne, 180 mètres, ou environ 600 pieds romains.

Lorsque, en 1863, nous fîmes, par ordre de Napoléon III, la reconnaissance de Besançon, nous crûmes que César avait voulu indiquer par les mots *reliquum spatium* l'espace rempli par le contrefort au point d'étranglement de la boucle, et comme cet espace mesure assez exactement 1,600 pieds romains, nous vîmes, dans le chiffre DC. du texte latin, une erreur de copiste, et nous proposâmes à l'Empereur d'adopter la correction *non amplius pedum* MDC. M. K. Thomann, le savant professeur au Gymnasium de Zurich, a combattu notre interprétation en faisant

observer que César, s'exprimant librement selon son habitude, a dû
entendre par *reliquum spatium,* non pas la base du contrefort, mais
bien son plateau, le seul point par où la ville pût être attaquée. Cette
remarque de l'honorable M. Thomann est des plus justes, et nous n'hési-
tons pas à reconnaître ici notre erreur. César, effectivement, ne pouvait avoir en vue que le plateau de la montagne, par lequel on arrive à
la ville, et dont les Gaulois avaient fait une forteresse en l'entourant
d'une muraille. Ajoutons que les anciens ne connaissaient pas le moyen
de mesurer la base d'une montagne comprise dans la boucle d'une
rivière.

DE L'ENTREVUE DU TERTRE DE PLETTIG.

Nous nous permettrons de répéter ici qu'à notre avis le tertre de
Plettig, situé entre Dambach et Epfig, est incontestablement le *tumulus
terrenus satis grandis* où se passa l'entrevue de César et d'Arioviste.
Cette identification constitue une des découvertes qui nous ont le plus
satisfait parmi toutes celles que l'étude des guerres de César nous a permis
de faire; elle montre, en attendant que des fouilles viennent fournir une
preuve matérielle, que le champ de bataille ne doit pas être cherché
ailleurs qu'au pied des hauteurs de Mittelweier, Bebelnheim et Zellenberg.
Un des attraits de ces découvertes est de se représenter en imagination,
sur les lieux, les scènes historiques dont ceux-ci furent les témoins.
L'entrevue, racontée par César avec une simplicité voisine de la séche-
resse, paraît avoir été mise en scène avec un grand appareil. Les deux
chefs se firent accompagner chacun de toute sa cavalerie. César se rendit
donc au tertre de Plettig avec 4,000 chevaux d'escorte, Arioviste avec
6,000. Au premier abord, on peut trouver singulier un tel déploiement
de forces pour une simple entrevue à mi-chemin des deux camps. Mais
le doute n'est pas permis; car on lit, chapitre 42 : «Cæsar..... com-
modissimum esse statuit, omnibus equis Gallis equitibus detractis, eo

legionarios milites legionis decimæ, cui quam maxime confidebat, impo-
nere... », et chapitre 46 : « Nam etsi sine ullo periculo legionis delectæ
cum equitatu prœlium fore videbat... » Nous ferons remarquer inci-
demment que la cavalerie gauloise comptait 4,000 hommes et qu'il est
par conséquent permis d'induire du texte précédent que tel était à peu
près l'effectif de la 10ᵉ légion.

La facilité avec laquelle toute une légion se transforme spontanément
en troupe de cavalerie constitue un fait intéressant. Il est probable que
les soldats de la 10ᵉ légion emportèrent leurs pilums, et qu'au cas d'une
attaque de la cavalerie germaine, ils auraient mis pied à terre pour combattre.

Pendant l'entretien de César et d'Arioviste, les Germains lancèrent
des pierres et des traits sur les Romains. Le texte porte : « equites Ariovisti... lapides telaque in nostros conjicere »; selon nous, les traducteurs
ne devraient pas rendre le mot *equites* par *la cavalerie* : il ne peut évidemment s'agir que d'une partie de la cavalerie germaine ou de quelques
cavaliers seulement.

DE LA MANŒUVRE

PAR LAQUELLE ARIOVISTE COUPA LES COMMUNICATIONS DE CÉSAR.

La manœuvre par laquelle Arioviste intercepta les ravitaillements de
l'armée romaine est d'un haut intérêt, et comme manœuvre de guerre
proprement dite, et comme permettant de fixer, avec certitude, le théâtre
des opérations de la campagne. Les écrivains militaires qui ont placé le
champ de bataille à Cernay ou ailleurs ne se sont pas attachés à la comprendre, et n'ont pas eu égard aux conditions de terrain exigées pour
qu'elle fût exécutable. César la décrit en deux seules phrases : « Eodem
die castra promovit et milibus passuum sex a Cæsaris castris sub monte
consedit. Postridie ejus diei præter castra Cæsaris suas copias traduxit

et milibus passuum duobus ultra eum castra fecit, eo consilio, uti fru-
mento commeatuque, qui ex Sequanis et Æduis supportaretur, Cæsarem
intercluderet. » (*Guerre des Gaules*, I, 48.) Ainsi, Arioviste employa deux
jours à réaliser son projet. Le premier jour, parti de la position qu'il
occupait à 24 milles de César (*Guerre des Gaules*, I, 41), il se rapprocha
de lui jusqu'à n'en plus être éloigné que de 6 milles (*9 kilomètres*) et
s'établit au pied des montagnes, *sub monte*, disent les *Commentaires;*
puis, le lendemain, il dépassa le camp romain et se posta à 2 milles
(*3 kilomètres*) au delà.

A la lecture du texte latin, si sobre de détails, on trouve incompré-
hensible qu'une armée de plus de 100,000 barbares ait pu, à très
petite distance du camp romain, sans que César l'attaquât, faire une
marche qui l'obligeait à présenter le flanc pendant une demi-journée au
moins. On doit alors se demander quel fut le motif de l'inaction de César
dans cette circonstance. Pour tout homme de guerre il ne peut y en avoir
qu'un : l'impossibilité de s'opposer à la manœuvre d'Arioviste, impossibilité due à la nature des lieux. Comment croire, en effet, si l'armée germaine avait exécuté son mouvement de flanc soit en plaine, soit en
terrain peu accidenté, que César n'eût pas profité d'une chance si favorable pour tomber sur elle et la battre? On ne pourrait pas objecter
qu'Arioviste, voyant sortir de leur camp les troupes romaines, aurait
aussitôt fait ses dispositions de combat; car il n'aurait évidemment pas
formé le dessein d'intercepter les communications de César avec la certitude d'être attaqué pendant sa marche. Et ne lit-on pas d'ailleurs dans
les *Commentaires* qu'il était résolu à ne pas combattre avant la nouvelle
lune?

Il est donc hors de doute que les Germains firent leur seconde marche
dans des conditions telles qu'ils ne pouvaient être inquiétés, ce qui oblige
à reconnaître qu'ils cheminèrent, soit dans les montagnes, soit en plaine,
couverts par des forêts ou par des marais. Mais quel fut, de ces différents

obstacles naturels, celui qui permit à Arioviste de manœuvrer sans ris-
quer une bataille? La réponse à cette question est fournie par les *Commentaires* mêmes. En effet, avant de raconter qu'Arioviste fit une seconde
marche pour dépasser le camp romain, César écrit que le roi germain
s'était établi la veille *au pied des montagnes*, « sub monte consedit ». Pourquoi donnerait-il ce renseignement et apprendrait-il au lecteur aussitôt
après, implicitement il est vrai, qu'il ne s'opposa pas à la marche des
ennemis, si ce n'était pas pour faire entendre que ceux-ci cheminèrent
précisément dans les montagnes au bas desquelles ils étaient venus
camper le jour d'avant? Il faut bien que les lettrés du dix-neuvième siècle,
si peu familiarisés avec les principes de guerre des anciens, s'avouent à
eux-mêmes qu'en dépit d'une étude approfondie des *Commentaires*, ils ne
parviennent pas à comprendre le sens de beaucoup de passages qu'un
contemporain de César saisissait sans difficulté rien qu'à la lecture. Le
texte rapporté plus haut nous paraît en être un exemple; car, selon nous,
tout Romain qui lisait qu'Arioviste prit position au pied des montagnes
et dépassa ensuite le camp de César sans être assailli, en concluait sur-
le-champ que l'armée germaine défila dans ces mêmes montagnes où elle
ne pouvait être atteinte.

On admettra donc, comme une conséquence forcée du récit de César,
qu'Arioviste fit sa seconde marche *par les hauteurs*. Or cette conséquence
forcée résout, à elle seule, la question de l'emplacement du théâtre des
opérations. On ne trouve en effet dans toute l'étendue des Vosges, depuis Cernay jusqu'à Schlettstadt, qu'une seule partie de la chaîne où la
manœuvre d'Arioviste ait pu s'exécuter : c'est celle qui est comprise entre
les deux gorges où coulent la Weiss et le Streng-Bach. (Voir *planches 1
et 2*.) Et là, elle se comprend clairement, à la simple inspection des lieux.

On peut donc regarder comme hors de toute contestation :

Que César campa sur la Fecht, entre Ostheim et Gemar;

Qu'Arioviste intercepta les communications de l'armée romaine en s'établissant sur le revers oriental des Vosges, entre la gorge du Streng-Bach et celle de la Weiss, après avoir défilé devant le camp de la Fecht par la hauteur de Zellenberg;

Que la bataille se donna dans la plaine, au pied de ce même revers oriental des Vosges.

Pour ce qui concerne l'explication de la manœuvre d'Arioviste, nous renvoyons le lecteur à la relation présentée pages 62 et 63, que nous avons écrite après avoir étudié la campagne sur le terrain même. Avant que le théâtre de ces opérations fût connu, on ne pouvait comprendre la marche de flanc d'Arioviste, exécutée à une si petite distance du camp de César. C'est ainsi que Turpin de Crissé écrit, tome I, page 104 : «On ignore les raisons que put avoir César pour laisser marcher tranquillement l'armée d'Arioviste à la vue de son camp, dans le projet qu'il avait de s'emparer d'une position qui lui coupait sa communication avec les Autunois et les Francs-Comtois, d'où lui venaient ses subsistances, communication qu'il lui était si important d'assurer et de garder..... L'armée d'Arioviste passe à 2 milles du camp de César avec tous ses bagages et ses attirails de guerre; et ce général si actif, qui cherchait l'occasion de combattre l'ennemi, le voyait marcher si près de lui, sans faire aucun mouvement, sans même envoyer sa cavalerie et ses troupes légères pour au moins inquiéter sa marche..... César manqua une bien belle occasion de combattre avec avantage l'armée d'Arioviste.» Nous devons d'abord condamner cette façon de critiquer sans connaissance de cause et sans même comprendre le texte latin. Turpin de Crissé fait marcher l'armée d'Arioviste à *la vue et à 2 milles du camp de César;* or César n'a rien écrit de cela. «Postridie ejus diei præter castra Cæsaris suas copias transduxit et milibus passuum duobus ultra eum castra fecit» (*Guerre des Gaules*, I, 48) signifie simplement qu'Arioviste, pendant sa marche, dépassa le camp romain et s'arrêta à 2 milles au delà; mais non pas forcément que cette marche se fit à la vue du camp, ni à 2 milles de distance[1]. Si Turpin de Crissé avait connu le théâtre de cette guerre, il n'aurait pas porté le jugement qu'on vient de lire : il aurait su que la disposition des lieux permit à Arioviste d'exécuter son mouvement de flanc par des hauteurs où César ne pouvait l'attaquer.

Pour mieux faire comprendre la conduite de César, nous ajouterons ici quelques éclaircissements à ceux que nous avons déjà donnés dans notre récit, page 63.

La première marche d'Arioviste avait été signalée par les patrouilles d'éclaireurs : César savait donc que l'armée germaine était venue s'établir au pied des Vosges, à 6 milles de son camp (à Kestenholz, sur le Giessen). Il apprit certainement, le lendemain de bonne heure, qu'elle s'était mise en marche de nouveau et qu'elle se rapprochait de lui. En effet, les troupes d'Arioviste s'étaient engagées dans les montagnes à Kestenholz, et elles s'avançaient le long des pentes inférieures des Vosges, dans la direction que marquent de nos jours les localités nommées Kinzheim, Orschweiler et Saint-Pilt. Sur ces pentes ondulées, les colonnes germaines pouvaient être par moment aperçues de la plaine; puis elles disparaissaient pour reparaître plus loin. Elles franchirent l'Ecken-Bach,

---

[1] Par le fait, la marche d'Arioviste s'exécuta, comme on le reconnaît sur le terrain, *à la vue du camp de César*; mais nous ne croyons pas qu'il faille nécessairement donner ce sens-là aux mots *præter castra Cæsaris*. Aussi regardons-nous comme fautives toutes les traductions françaises qui les rendent par *à la vue de l'armée romaine*, ou *à la vue des Romains*, ou *à la vue du camp romain*.

Le texte latin ne dit pas non plus que l'armée d'Arioviste passa à 2 milles du camp de César avec tous ses bagages et ses attirails de guerre. Elle en passa effectivement à 2 milles environ; mais, à ne considérer que le texte des *Commentaires*, il serait permis d'admettre qu'elle défila beaucoup plus loin du camp romain, tout en étant venue, le mouvement terminé, s'établir à 2 milles au-delà, comme l'exige la narration latine.

qui séparait le territoire des Médiomatrices de celui des Séquanes (voir *page 90*), et se dirigèrent sur Bergheim et Rappoltsweiler, à l'entrée de la gorge du Streng-Bach. Qu'on se représente en imagination le spectacle qui s'offrit ce jour-là aux regards de César et des officiers de son état-major. Ils purent, du haut des tours qui armaient les remparts du camp, apercevoir l'armée germaine s'avançant sur le revers des montagnes. Ignorant les projets d'Arioviste, César dut lui prêter l'intention de venir présenter la bataille, supposition que rendaient encore plus probable les discours présomptueux du roi germain avant comme pendant l'entrevue du tertre de Plettig et la confiance qu'inspirait à ses troupes leur réputation d'invincibilité. Mais, quelque temps après, César vit les colonnes ennemies continuer leur marche, et, au lieu de s'arrêter à la gorge du Streng-Bach, s'élever sur le flanc de la hauteur de Zellenberg et dépasser son camp. Dès ce moment le doute n'était plus possible : l'intention d'Arioviste se dévoilait clairement. César, les officiers et les soldats, qui jusque-là avaient suivi la marche de l'ennemi avec curiosité du haut des parapets du camp, voyaient les Germains s'établir sur le versant de Zellenberg, maîtres de la route que suivaient les convois de vivres venus de la Séquanie et du pays éduen [1].

D'ailleurs, César eût-il même connu le dessein d'Arioviste dès le commencement de cette manœuvre, qu'il n'avait aucun moyen d'en arrêter l'exécution. Le légionnaire, par le poids de ses armes offensives et défensives, était impropre à la guerre de montagnes; il n'était équipé et armé que pour combattre en plaine ou en terrain peu accidenté, et corps à corps. Une armée pouvait donc défiler par les hauteurs, à la vue et à proximité d'une armée romaine, sans craindre d'être attaquée ou inquiétée dans sa marche.

[1] Placé à la station d'Ostheim, sur le chemin de fer de Strasbourg à Colmar, et regardant la chaîne des Vosges, on se représente très clairement le spectacle que nous venons de décrire.

Cette explication montre ce qu'on doit penser de la prétendue inaction de César dans cette journée. Le reproche que lui ont fait Turpin de Crissé et d'autres écrivains militaires tombe de lui-même. Tout au plus serait-il permis de se demander si César aurait pu prévoir le dessein d'Arioviste, auquel cas il eût pu occuper la gorge du Streng-Bach en y plaçant un castellum; mais il n'est pas possible de répondre aujourd'hui à de pareilles questions. On n'oubliera pas de se dire que les Romains venaient pour la première fois dans la plaine du Rhin, et que ni César ni ses officiers ne connaissaient la contrée où ils opéraient. Il n'en est pas moins vrai que César reçut ce jour-là un échec réel; car il se trompa sur l'intention d'Arioviste, il fut surpris, et, pendant plusieurs jours, sa communication avec les Éduens et les Séquanes se trouva interceptée. S'il n'avait pas réussi à la rétablir, il aurait été obligé d'opérer un mouvement de retraite, qui, venant après la panique de Vesontio, aurait pu déprimer encore plus le moral de ses troupes.

On est étonné de voir César raconter si succinctement, c'est-à-dire en une seule phrase, l'importante manœuvre par laquelle Arioviste lui intercepta les vivres. Qui sait s'il ne faut pas en chercher la raison dans le mécontentement que lui donna l'échec éprouvé? En tout cas, cette deuxième phrase du chapitre 48 du premier livre de la *Guerre des Gaules* peut être citée pour montrer tout ce que renferment souvent quelques mots des *Commentaires*.

La conduite d'Arioviste ne mérite que des éloges. Le roi germain arrête un plan simple, pouvant entraîner d'importantes conséquences : il se propose d'intercepter les ravitaillements de l'armée romaine. Pour cela, il entreprend une opération de guerre toujours difficile : c'est de faire défiler une nombreuse armée devant l'ennemi, à une très petite distance. Mais il a jugé auparavant que la disposition de la chaîne des Vosges rendait cette manœuvre exécutable. Il se rapproche d'abord du camp romain par une première marche, et va camper au pied des Vosges afin de pouvoir s'engager le lendemain dans les montagnes au début de sa marche et d'échapper ainsi, dès ce moment, à toute attaque. Par des dispositions bien prises, il exécute un mouvement de flanc à quelques kilomètres du camp romain, le dépasse et enlève la ligne de communication de son ennemi.

Aussi ne craint-on pas de trop dire en affirmant que, dans cette courte campagne d'Alsace, Arioviste se montre homme de guerre supérieur. On ignore, il est vrai, les ordres qu'il donna pour l'exécution de sa manœuvre; mais, en l'absence de tout renseignement, les grandes opérations de guerre doivent se juger par le résultat obtenu. Or quand on voit réussir une opération aussi vaste et aussi compliquée que l'est une marche de flanc devant l'ennemi, on doit louer, sans réserve, la haute capacité du chef qui, ayant César pour adversaire, sut la mener à bonne fin.

Autant qu'il est possible d'en juger aujourd'hui sur les lieux, l'armée d'Arioviste n'eut à sa disposition qu'une seule route pour faire le trajet de Kestenholz à Rappoltsweiler; mais elle put gravir, sur plusieurs colonnes, le flanc oriental de la hauteur de Zellenberg que sillonnent différents chemins dont quelques-uns, comme on le reconnaît facilement, existent de temps immémorial.

DU PLAN D'OPÉRATION DE CÉSAR.

En lisant attentivement les *Commentaires*, on arrive à comprendre le plan d'opération qu'adopta César dans la guerre des Germains. Ce plan lui fut dicté par l'état moral de son armée, et c'est là ce qui le rend digne d'être médité; car il n'y a rien de plus instructif que de s'expliquer la conduite des grands hommes de guerre dans les circonstances difficiles.

Lorsque Arioviste vint s'établir à proximité du camp de César, sur les pentes inférieures des Vosges, entre la gorge du Streng-Bach et celle de la Weiss, il y avait à peine quinze jours qu'à Besançon, sur les renseignements qui représentaient les Germains comme des hommes d'une stature gigantesque, d'un aspect farouche, d'une valeur sans égale, la panique s'était emparée des troupes romaines. César savait que les impressions qui affaissent l'âme du soldat ne s'effacent qu'à la longue, très lentement et peu à peu. Aussi ne voulut-il pas offrir la bataille sur-le-champ, dans des conditions égales, à ces ennemis redoutés, qui, au dire de leur chef, n'avaient pas couché sous un toit depuis quatorze ans. Il fallait d'abord relever graduellement le moral des troupes.

César aurait obtenu un résultat opposé, c'est-à-dire que la disposition d'esprit des officiers et des soldats aurait encore empiré, s'il avait laissé l'armée enfermée dans son camp. Il commença, au contraire, par la ranger *à la tête du camp,* le dos aux retranchements, et il l'y tint en ligne de bataille sous la protection des machines de jet et des tours élevées sur les parapets. Par là, les troupes s'habituaient à la présence de l'ennemi; et César ne pouvait être accusé d'éviter la bataille, car Arioviste, s'il le voulait absolument, avait la possibilité de combattre, rien ne l'empêchant de s'avancer dans la plaine rase qui séparait les deux camps et d'attaquer malgré l'avantage que César se réservait. Cinq jours de suite il exécuta cette même manœuvre sans que les Germains se présentassent. Il exprime ces premières opérations dans les termes suivants : «Ex eo die dies continuos quinque Cæsar *pro castris* suas copias produxit et aciem instructam habuit, ut, si vellet Ariovistus prœlio contendere, ei potestas non deesset» (*Guerre des Gaules,* I, 48), où le mot *potestas* doit se rendre par *possibilité,* pour bien indiquer que César n'offrait pas la bataille dans le sens propre de cette expression.

Les manœuvres de ces cinq jours et les combats qu'amena la construction du petit camp sur la colline de Bebelnheim (*Guerre des Gaules,* I, 49) ayant peu à peu raffermi le moral des troupes, César jugea qu'il pouvait oser davantage. Au lieu donc de présenter l'armée adossée aux retranchements, comme il avait fait jusque-là, il la déploya *à une petite distance du grand camp*, renonçant ainsi à la protection immédiate des tours et des machines, mais s'éloignant pourtant assez peu des ouvrages pour qu'en cas d'échec l'armée pût y trouver promptement un refuge assuré. C'était offrir le combat à l'ennemi, non pas à chances égales tout à fait, mais à peu de chose près. Cette nouvelle manœuvre est indiquée dans les *Commentaires* par la phrase : «Proximo die, instituto suo, Cæsar e castris utrisque copias suas eduxit, *paulumque a majoribus castris progressus* aciem instruxit, hostibus pugnandi potestatem fecit. » (*Guerre des Gaules*, I, 50.) Le texte ajoute que, malgré la position avancée prise par l'armée romaine à quelque distance de ses retranchements, les ennemis ne sortirent pas de leur camp : «Ubi *ne tum quidem* eos prodire intellexit... »

Si César n'avait pas appris ce jour-là, par des prisonniers, la raison qui empêchait Arioviste de livrer bataille, il aurait poursuivi l'exécution de son plan, le lendemain et les jours suivants, en portant l'armée encore plus loin des retranchements, autrement dit plus près du camp ennemi, afin d'aguerrir les troupes de plus en plus. Mais, informé du motif superstitieux qui engageait Arioviste à ne pas combattre avant la nouvelle lune, il n'hésita pas à profiter d'une circonstance si bien faite pour lui donner un avantage moral considérable, et, dès le lendemain, il marcha, l'armée en bataille, jusqu'au pied des hauteurs où campaient les Germains, les fit harceler par ses troupes légères et les contraignit à accepter le combat : «Ipse, triplici instructa acie, *usque ad castra* hostium accessit. Tum demum *necessario* Germani suas copias castris eduxerunt... » (*Guerre des Gaules*, I, 51.)

Tel est le plan d'opération conçu et exécuté par César dans la guerre des Germains. Il découle de la narration des *Commentaires*, et César le désigne lorsqu'il écrit : «Proximo die, instituto suo, Cæsar.... » L'expression *instituto suo* a été rendue sous autant de formes et de sens différents qu'il y a de traducteurs et de commentateurs (*selon son usage, selon*

sa coutume, comme il avait fait jusque-là, fidèle à sa tactique, etc.). On peut
voir, par les explications précédentes, qu'il ne s'agit ici, dans le texte
latin, ni d'un usage, ni d'une coutume, ni d'une tactique habituelle, mais
bien d'un plan arrêté par César dans une circonstance particulière, c'est-
à-dire dans la situation difficile où il se trouvait en face d'un ennemi
dont la réputation avait ébranlé le moral de l'armée. Le *instituto suo* a
donc ici le sens de *conformément au plan qu'il avait adopté*, ou *conformément
à son plan*. Baumstark écrit très justement *seinem Plane gemäss*.

<h3 style="text-align:center">ÉTUDE DE L'HISTOIRE DES GUERRES.</h3>
CONSEILS AUX JEUNES OFFICIERS.

La conduite de César, dans sa campagne contre Arioviste, touche à cette
partie transcendante de l'art de la guerre que Napoléon Ier appelle la
partie divine, laquelle ne s'apprend ni dans les écoles ni dans les traités,
mais dérive, comme le dit l'Empereur, des considérations morales, du
caractère, du talent de l'adversaire, de l'opinion, de l'esprit du soldat, qui
est fort et vainqueur, faible et battu, selon qu'il croit l'être. On peut y
voir une preuve de la fausseté d'une opinion trop accréditée aujourd'hui,
d'après laquelle il n'y aurait plus à tirer aucun profit de l'étude des
guerres de l'antiquité. Désireux de contribuer, dans la mesure de nos
forces, à l'instruction des officiers de notre armée (et nous songeons ici
plus particulièrement à ceux que le sort pourrait appeler un jour à exercer
le commandement en chef), nous voudrions leur montrer la part que
doit prendre, dans leurs travaux, l'étude des guerres des grands capitaines de tous les temps.

Les connaissances qui ont trait aux institutions militaires, à l'emploi
des différentes armes, aux manœuvres, à la tactique, aux faits historiques, etc. peuvent s'acquérir dans les écoles ou par la lecture de traités
spéciaux, et il n'est pas un seul officier qui ne doive les posséder ; mais

elles ne sont pour lui qu'un premier fond nécessaire, semblable à ce que
serait la connaissance de la grammaire pour l'auteur qui voudrait écrire
un poëme. Les officiers qui prétendent à exercer de grands commandements indépendants auront à diriger tous leurs efforts vers un double
but : apprendre à connaître les principes de l'art de la guerre, et acquérir
l'instinct de la guerre. A défaut d'expérience, ils ont un moyen, mais un
seul, pour arriver à ce double résultat, c'est l'étude réfléchie de l'histoire
des guerres et des batailles des grands capitaines, anciens et modernes,
depuis Annibal et César jusqu'à Napoléon. Et nous nous appuierons ici
de l'autorité de Napoléon lui-même. L'Empereur écrit dans ses *Commentaires* : « Les principes de la guerre sont ceux qui ont dirigé les grands
capitaines dont l'histoire nous a transmis les hauts faits : Alexandre,
Annibal, César, Gustave-Adolphe, Turenne, le prince Eugène, Frédéric
le Grand. Alexandre a fait huit campagnes, pendant lesquelles il a conquis l'Asie et une partie des Indes; Annibal en a fait dix-sept, une en
Espagne, quinze en Italie, une en Afrique; César en a fait treize, huit
contre les Gaulois, cinq contre les légions de Pompée; Gustave-Adolphe
en a fait trois, une en Livonie contre les Russes, deux en Allemagne contre
la Maison d'Autriche; Turenne en a fait dix-huit, neuf en France, neuf
en Allemagne; le prince Eugène de Savoie en a fait treize, deux contre
les Turcs, cinq en Italie contre la France, six sur le Rhin ou en Flandre;
Frédéric en a fait onze, en Silésie, en Bohême et sur les rives de l'Elbe.
L'histoire de ces quatre-vingt-trois campagnes, faite avec soin, serait un
traité complet de l'art de la guerre; les principes que l'on doit suivre
dans la guerre défensive et offensive en découleraient comme de source. »
Ailleurs, Napoléon dit encore : « Voulez-vous savoir comment se donnent
les batailles? lisez, méditez les relations des cent cinquante batailles de
ces grands capitaines. » Et plus loin : « Faites la guerre offensive comme
Alexandre, Annibal, César, Gustave-Adolphe, Turenne, le prince Eugène
et Frédéric; lisez, relisez l'histoire de leurs quatre-vingt-trois campagnes,

modelez-vous sur eux : c'est le seul moyen de devenir grand capitaine et de surprendre les secrets de l'art. Votre génie ainsi éclairé vous fera rejeter des maximes opposées à celles de ces grands hommes. »

Qui ne serait frappé de l'insistance mise par l'Empereur à recommander l'étude approfondie des campagnes de tous les grands capitaines comme le seul moyen de devenir un homme de guerre supérieur?

Entre toutes les œuvres que les jeunes officiers doivent lire et méditer, les dictées de Napoléon Ier à Sainte-Hélène tiennent sans comparaison la première place. Comment pourrait-il en être autrement? L'Empereur n'a pas son égal pour la lucidité d'esprit, la solidité de jugement, l'élévation d'idée, la force de raisonnement; et c'est ce même homme qui a écrit sur la guerre, après l'avoir faite pendant vingt ans! Aussi ses *Commentaires* doivent-ils être le bréviaire de tous les officiers de notre armée. Ceux qui se destinent à l'exercice des grands commandements ne se lasseront pas de les lire et de les relire; ils les annoteront, les méditeront, ils les auront toujours ouverts sur leur table de travail.

Mais cette étude ne sera vraiment profitable qu'à ceux qui savent penser mûrement. Ceux-là trouveront dans ce livre incomparable tant de substance condensée, en un style simple et clair, qu'ils ne pourront plus s'en détacher : ils sauront par cœur, malgré eux, des passages entiers, qu'ils méditeront à des moments où ils n'auront pas le livre sous les yeux, et ils trouveront qu'après avoir réfléchi dix fois sur le contenu d'une page, ils y découvrent encore des vérités qui leur avaient échappé.

Le maréchal Marmont, qui a énoncé beaucoup de choses justes et presque autant de choses fausses, comme tous les hommes dont le seul mérite est d'avoir de l'esprit, a dit quelque part, au sujet des *Commentaires* de Napoléon : « Celui qui saura les méditer et les comprendre aura l'instinct de la guerre. » Ce mot est profondément vrai, comme le reconnaîtront les officiers qui se donneront la peine de les étudier la plume à la main et avec la réflexion nécessaire. Ils seront étonnés de sentir se développer en eux cet instinct de la guerre sans lequel on restera toujours, quoi qu'on fasse, un général médiocre. Nous irons même plus loin : cet instinct pourra naître par l'étude chez ceux qui s'en croyaient dépourvus; car tout, dans le domaine des choses morales, peut s'acquérir par les impressions qu'on reçoit : le sentiment de l'honneur, celui du devoir, l'amour de la patrie, le courage même.

Les officiers, à qui l'étude des dictées de Napoléon Ier et celle de l'histoire des campagnes des grands capitaines aura donné la connaissance des principes de l'art de la guerre et l'instinct de la guerre, seront tout préparés pour l'exercice des grands commandements. Ceux d'entre eux qui auront une tête froide, la connaissance du cœur humain, et la faculté de prendre promptement une décision et de s'y arrêter seront aptes à faire de grandes choses.

Les conseils que nous donnons ici ne sont destinés qu'aux jeunes officiers : ce n'est qu'à leur âge qu'on apprend avec fruit et que les impressions produites par une étude sérieuse se gravent dans l'esprit et dans le cœur en traces durables. Cet instinct de la guerre, que nous préconisons tant, ils ne doivent pas s'attendre à l'acquérir par la lecture de traités spéciaux, ni dans les écoles d'enseignement supérieur. Les auteurs les plus estimés, les plus savants professeurs, sont incapables de leur communiquer ce que peuvent seules donner la réflexion et de longues méditations. Ils ne devront donc compter que sur eux-mêmes et sur leurs propres efforts. Leur école, nous le répétons, sera l'histoire des campagnes des grands capitaines de toutes les époques. Par une étude attentive, ils y apprendront les principes de l'art de la guerre, et l'application qu'en ont faite ces hommes supérieurs. Qu'ils n'oublient jamais que Napoléon Ier la recommande comme *le seul moyen* de devenir grand homme de guerre.

Il faut que les officiers désireux d'exercer le commandement en chef se pénètrent de son importance. C'est beaucoup, assurément, d'avoir une

14.

bonne discipline, de bons cadres, un bon armement, une instruction complète; en un mot, une armée bien organisée et bien préparée; mais tous ces avantages n'ont que peu de valeur à la guerre si l'armée est mal commandée. On pourrait comparer une armée à une épée. À quoi sert-il que l'épée soit bonne et bien trempée s'il n'y a pas une main capable de la manier? Sur dix, l'influence du commandement en chef compte pour huit ou neuf dans le succès; ou, plutôt, il n'y a aucun rapport à établir entre son importance et la valeur générale de l'armée. Nos jeunes officiers devront se faire une foi de cette maxime et ne rien négliger pour devenir capables d'exercer le commandement suprême.

Le rôle du général en chef dans la bataille est une question qu'ils ne sauraient trop méditer. Ici, la conduite tenue en 1870 par nos généraux en chef servira à les instruire. Ils verront l'un d'eux rester pendant la bataille sur les derrières de l'armée d'où il ne pouvait rien voir, rien diriger; l'autre, borner son rôle à galoper le long du front des troupes, en avant de la ligne des tirailleurs, y faisant une fois tuer sans profit les officiers de son état-major et s'y faisant une autre fois blesser lui-même; le troisième, charger l'épée au poing en pleine bataille et tuer de sa main un soldat ennemi! Ils chercheront à s'expliquer la cause de semblables aberrations, et ils reconnaîtront qu'elle réside dans l'incapacité d'exercer le commandement supérieur avec toutes ses difficultés, qui sont la conception, les résolutions à prendre, la conduite de cent mille hommes, les dispositions à faire pour parer aux dangers imprévus; d'où il résulta que ces chefs, impropres à diriger une bataille et aptes tout au plus à commander une division, préférèrent se donner une tâche facile et s'en rapportèrent à leurs subordonnés, les commandants de corps d'armée.

Nous nous permettrons de présenter un dernier conseil. Parmi les ouvrages qu'étudieront les jeunes officiers, la préférence devra être donnée à ceux qu'ont écrits les hommes de guerre qui ont commandé en chef. Les trois principaux sont les *Commentaires de César*, les *Commentaires de*

Napoléon I, auxquels s'ajoute sa *Correspondance*, et les *Principes de stratégie* de l'archiduc Charles. Ils ne liront qu'avec circonspection les ouvrages dus à des écrivains qui n'ont pas exercé de grands commandements indépendants. Enfin, ils rejetteront la plupart des livres publiés dans ces vingt dernières années par des officiers qui n'ont jamais commandé, ou par des professeurs dépourvus de toute intelligence de la guerre, qui, ne se doutant même pas que la guerre est un art, et non pas une science, traitent de ce grand art scientifiquement, et raisonnent sur toutes les questions comme sur des problèmes de géométrie. Il a naturellement fallu que ces auteurs se fissent une langue appropriée à leur fausse conception, et de là vient que notre littérature militaire se trouve aujourd'hui entachée d'un véritable pathos scientifique où pullulent des termes tels que *clef tactique, objectif, défensive-offensive, bataille offensive,* *bataille défensive*, etc., termes, les uns impropres, les autres faux, et tous inconnus aux grands hommes de guerre, à la fois grands écrivains[1].

[1] Le mot *bataille* ne comporte pas la qualification d'*offensive* ou de *défensive*. Ce mot, en effet, ne signifie pas l'action particulière d'une des deux armées qui se combattent, mais il désigne, au contraire, leur action commune. En employant les expressions *bataille offensive, bataille défensive*, on joint à un substantif, qui représente l'action commune de deux armées, un adjectif qui ne peut s'appliquer qu'à l'une d'elles. Ces expressions constituent donc une fausse alliance de mots et sont dépourvues de sens. On dira très bien que, pendant la bataille, une des armées *est restée sur la défensive*, ou qu'elle *a pris l'offensive*; on pourra dire aussi, selon les cas, que les armées ont *passé de l'offensive à la défensive* ou réciproquement; mais, encore une fois, la bataille, qui n'est autre chose qu'un duel, ne peut pas être dénommée offensive ou défensive. Ce n'est pas dans les écrits de Napoléon I, cet esprit si lucide, ce grand donneur de batailles, qu'on rencontre de ces termes contraires au sens commun. L'Empereur aurait bondi si on était venu lui dire qu'un de ses maréchaux écrirait un livre où les batailles seraient divisées en deux classes : les batailles défensives et les batailles offensives. A la vérité, le maréchal Marmont a commis plus d'une erreur de jugement; il n'avait d'ailleurs aucune des qualités qui font le grand homme de guerre. Il est à souhaiter que les mots *bataille offensive* et *bataille défensive*, qui, indépendamment de leur fausseté, ont pour effet de donner aux officiers des idées erronées, disparaissent une fois pour toutes de nos livres, et cessent d'être employées dans nos écoles d'enseignement militaire.

REMARQUES SUR LA BATAILLE DE LA FECHT.

Les jours antérieurs à la bataille, César avait gardé au grand camp une partie des auxiliaires et mis deux légions au petit camp. Nous supposons (page 67) que, la nuit qui précéda le combat, il fit relever ces troupes l'une par l'autre, de manière à avoir ses six légions dans le grand camp et tous les auxiliaires dans le petit camp. Ce changement put se faire sans aucune difficulté, à l'insu de l'ennemi, et la mise en lignes, pour la bataille du lendemain, en était rendue plus facile. Mais il est possible que le passage d'un camp à l'autre n'ait pas eu lieu, que César soit sorti du grand camp avec les quatre légions qui s'y trouvaient, et que les deux légions du petit camp soient venues se placer sur la ligne de bataille, à la gauche de l'armée.

De la force des combattants. — Il est intéressant de déterminer aussi exactement que possible les forces qui combattirent à la journée de la Fecht. Nous avons déjà dit que l'armée romaine pouvait compter 27,000 hommes d'infanterie légionnaire, 4,000 chevaux et 5,000 à 6,000 auxiliaires. Le jour de la bataille, César laissa dans ses deux camps une garde suffisante. (*Guerre des Gaules*, I, 51.) A Pharsale, où il avait huit légions d'un total de 24,000 hommes, il fit garder son camp par sept cohortes (voir *Histoire de Jules César, Guerre civile*, tome 1er, page 334); en Espagne, contre les lieutenants de Pompée, où il avait six légions, il fit garder par six cohortes, à raison d'une cohorte prise dans chaque légion, le camp établi sur le Segre en amont d'Ilerda. (*Guerre civile*, I, 41.) Nous regardons comme probable qu'il agit sur la Fecht comme sur le Segre, et qu'il laissa dans le grand camp six cohortes, dont une par légion, soit 2,700 hommes. Si on y ajoute le nombre des malades de l'armée, estimé à 300, on admettra que 3,000 hommes restèrent dans le grand camp. Le petit camp, sur la colline de Bebelnheim, fut sans doute gardé par une partie des troupes auxiliaires. D'après cela, les six légions se trouvèrent réduites, pour le combat, à neuf cohortes chacune, et on a le tableau suivant :

ARMÉE ROMAINE.

Infanterie légionnaire { en ligne de bataille...... 24,000 hommes.
                       { à la garde du grand camp. 3,000
Cavalerie gauloise......................... 4,000 chevaux.
Troupes auxiliaires.................. 5,000 à 6,000 hommes.

ARMÉE GERMAINE.

Infanterie............................... 30,000 hommes.
Cavalerie................................ 6,000 chevaux.

De l'ordre de bataille de l'armée romaine. — On sait que César rangea l'armée sur trois lignes. (*Guerre des Gaules*, I, 52.) La planche 2 figure les légions déployées pour le combat, chacune ayant quatre cohortes en première ligne, trois cohortes en deuxième et deux cohortes en troisième ligne. Il est probable, comme nous le disons à la page 327 du tome second de l'*Histoire de Jules César, Guerre civile*, que César mettait ordinairement son infanterie sur huit rangs de profondeur. En supposant qu'il ait fait ainsi à la bataille de la Fecht, on trouve que l'infanterie légionnaire aurait présenté un front d'environ 2 kilomètres 1/2 et une profondeur de 119 mètres. Si on comptait les troupes auxiliaires, le front de bataille de toute l'infanterie serait d'à peu près 3,000 mètres.

On peut regarder comme certain, par la harangue de Vesontio, que la 10ᵉ légion occupa le poste d'honneur, c'est-à-dire l'extrême droite; quant aux 11ᵉ et 12ᵉ légions, comme elles étaient de nouvelle levée, il convient de ne pas les mettre à la même aile, mais de les répartir aux deux ailes, où elles se trouvent placées chacune entre deux légions plus anciennes de service. (Voir *planche 2*.)

Contrairement aux principes qui réglaient les ordres de bataille chez les Romains, César rangea ses troupes auxiliaires en ligne *sur le pro-longement de son front* et les tint adossées au petit camp. Son but était de tromper l'ennemi en paraissant avoir une infanterie de bataille plus nom-breuse que celle dont il disposait en réalité. Arioviste, qui n'ignorait cer-tainement pas les principes de la formation d'une armée romaine en bataille, put en effet prendre les auxiliaires, ainsi déployés, pour des troupes légionnaires.

Des deux cavaleries ennemies. — On ignore et la place qu'elles occu-pèrent et le rôle qu'elles jouèrent. César, dans la relation si succincte qu'il a dictée, ne les mentionne même pas, si ce n'est pour dire que la sienne était commandée par le jeune Publius Crassus. Ainsi privé du moindre renseignement, on peut se permettre toutes les hypothèses raisonnables. Nous sommes porté à croire, vu le silence même des *Commentaires*, que les deux cavaleries restèrent inactives pendant la bataille. On ne doit pas oublier, en effet, que les Germains ne voulaient pas combattre ce jour-là, que César les y contraignit : donc il est possible que leur cava-lerie soit allée au fourrage, loin de son campement habituel, qui était probablement sur le Streng-Bach, à Rappoltsweiler (voir *planche 2*), et qu'elle ne soit arrivée sur le champ de bataille qu'assez tard dans la jour-née. En tout cas, la meilleure place à lui assigner est à la gauche de la ligne germaine.

Où peut avoir été placée la cavalerie gauloise de l'armée romaine? D'ordinaire la cavalerie flanquait une des ailes ou les deux à la fois. A la bataille de la Fecht, elle ne flanqua certainement pas l'aile gauche de l'armée, qui était adossée au petit camp, sur la déclivité du contrefort de Bebelnheim. Convient-il de la mettre tout entière à la droite des trois lignes d'infanterie? A notre avis, le fait relaté par César à la fin du cha-pitre 52 s'y oppose formellement. César raconte qu'au moment où son aile

gauche était vivement pressée par les Germains, Publius Crassus, chef
de la cavalerie, qui se trouvait, pour bien voir, dans des conditions plus
favorables que les chefs engagés dans les lignes d'infanterie, prit sur lui
d'envoyer les cohortes de la troisième ligne au secours des troupes ébranlées. Or on reconnaît sur le terrain que si Crassus avait flanqué la droite
de l'armée avec toute la cavalerie, il n'aurait pu voir que difficilement
ce qui se passait à l'aile gauche, et qu'on ne comprend le fait relaté dans
les *Commentaires* que si ce chef était alors de sa personne derrière les
lignes, non loin de l'aile gauche. Cette raison nous a fait adopter la
disposition figurée sur la planche 2, où la cavalerie gauloise est divisée
en deux parties, l'une flanquant l'aile droite, l'autre placée vers la
gauche, derrière les lignes : de la sorte, Crassus, qui pouvait, comme
il le jugeait convenable, être présent à un groupe ou à l'autre, se serait
trouvé en situation d'embrasser du regard toute l'étendue du champ de
bataille.

César commande en personne son aile droite. — «Ipse a dextro cornu,
quod eam partem minime firmam hostium esse animadverterat, prœlium
commisit.» (*Guerre des Gaules*, I, 52.) Nous renvoyons à la page 69,
où nous expliquons pourquoi César se réserva le commandement de son
aile droite après avoir jugé que la partie la moins forte de la ligne
ennemie était à la gauche. Mais, selon nous, le texte latin n'implique
pas que la bataille ait commencé à l'aile droite des Romains. César veut
simplement dire qu'à l'aile droite le combat s'engagea sous sa direction
personnelle. Aussi croyons-nous à une erreur de tous les traducteurs qui
voient dans *prœlium commisit* une idée de priorité, et qui écrivent :
«il commença l'attaque par son aile droite». A moins de circonstances
exceptionnelles, il était de principe, dans les combats de l'antiquité, que
l'attaque se fît au signal donné par le général en chef, et en même temps
sur tous les points de la ligne.

Pourquoi les légionnaires ne lancèrent pas les pilums. — Au signal donné pour l'attaque, dit César dans sa relation, les Romains se portèrent si vivement en avant, et les Germains fondirent sur eux si subitement et d'une telle vitesse, que les légionnaires n'eurent pas le temps de lancer les pilums et qu'ils les jetèrent pour saisir incontinent leurs épées. (*Guerre des Gaules*, I, 52.) Il n'est pas difficile de s'expliquer cet épisode. Ordinairement une armée romaine qui se disposait à attaquer une armée ennemie, s'en rapprochait jusqu'à ne plus en être séparée que par l'espace exigé pour la charge qui allait précéder le choc. (Voir *Histoire de Jules César, Guerre civile*, tome II, page 339.) Alors, au signal donné, les deux premières lignes de l'armée romaine s'avançaient au pas redoublé, et, arrivés à bonne portée (20 à 25 mètres), les légionnaires des deux premiers rangs de la première ligne marquaient, sur l'ordre ou sur l'indication des centurions, l'arrêt nécessaire pour brandir et lancer les pilums : ils les lançaient, tiraient aussitôt leurs épées et se jetaient sur l'ennemi. Comme on le voit, il s'écoulait à peine quelques secondes entre la décharge des pilums et le corps à corps. Probablement qu'à la bataille de la Fecht, les centurions apprécièrent mal la distance, ou qu'ils furent surpris par la rapidité avec laquelle les Germains coururent à la rencontre de la ligne romaine. Quoi qu'il en soit, les légionnaires craignirent, s'ils marquaient l'arrêt indispensable pour lancer les pilums, que *l'ennemi ne leur arrivât sur le corps* avant qu'ils eussent eu le temps de tirer l'épée du fourreau. Pour échapper à ce danger, ils ne s'arrêtèrent pas; ils jetèrent les pilums à terre et mirent l'épée à la main.

L'impossibilité de faire usage du pilum constitua pour les Romains un désavantage considérable. Comme les ennemis paraient la décharge des pilums avec le bouclier, l'arme s'y fichait le plus souvent, et, tant à cause de son poids qu'à cause de sa longueur ($1^m,70$ à 2 mètres), il arrivait que l'extrémité de la hampe traînait à terre. Par là, l'ennemi avait le bras gauche paralysé, et il se voyait obligé, pour recouvrer la liberté de mouvement, d'arracher le pilum du bouclier, ce qui devenait très difficile lorsque le fer de l'arme s'était recourbé par la force du choc. Souvent même, plusieurs boucliers se trouvaient percés et cloués ensemble par un même pilum. (*Tite Live*, XXXVIII, 22.) Ces circonstances se présentèrent à la bataille de Montmort où un grand nombre d'Helvètes, après avoir longtemps et inutilement agité le bras gauche, jetèrent leurs boucliers et combattirent à découvert. On peut affirmer qu'à la bataille de la Fecht, l'erreur des centurions, par laquelle les légionnaires furent empêchés de lancer les pilums, contribua beaucoup à la longue résistance des Germains; car si, dès l'origine de l'attaque, les hommes du premier rang des phalanges germaines avaient été obligés de jeter leurs boucliers percés par les pilums, comme le firent les Helvètes à Montmort, il est indubitable que les Romains auraient eu plus facilement raison de ces barbares combattant alors à découvert, le corps à moitié nu. (Voir Dion Cassius, *Histoire romaine*, XXXVIII, 49.)

De l'initiative prise par Publius Crassus, chef de la cavalerie. — César avait rangé l'armée sur trois lignes. D'après son récit, chapitre 52, tandis qu'à leur aile gauche les Germains étaient repoussés et mis en déroute, à l'aile droite leurs masses profondes pressaient vigoureusement l'aile gauche des Romains. Publius Crassus, chef de la cavalerie, s'en aperçut et envoya la troisième ligne au secours des troupes ébranlées, « tertiam aciem laborantibus nostris subsidio misit ». Le général de Göler s'est demandé si les *Commentaires* désignaient ici par l'expression *tertiam aciem* la troisième ligne de l'aile gauche ou la troisième ligne du centre et de l'aile droite. (*Cäsar's gallischer Krieg*, page 54.) Il incline à cette dernière opinion, regardant comme improbable que la troisième ligne de l'aile gauche ait attendu, pour se porter au secours des deux premières, l'ordre donné par le commandant de la cavalerie : il vante la résolution de Publius Crassus qui, sans l'ordre de César et sous sa propre responsabilité, disposa de la réserve générale. (Voir *pages 121 et 122*.)

Nous ne saurions nous ranger à cette façon de comprendre la narration latine. Et d'abord, pourquoi ne pas accepter le texte comme il est? César écrit *tertiam aciem*, ce qui signifie bien la troisième ligne tout entière : il n'y a donc qu'à se représenter les choses de la manière suivante, telles qu'elles se passèrent sûrement. César, avec son aile droite, venait de repousser les Germains sans avoir eu besoin d'employer les cohortes de la troisième ligne de cette aile, lesquelles, par conséquent, étaient restées à leur place; pendant ce temps, les deux premières lignes de son aile gauche étaient vivement pressées par les nombreux ennemis, sans que pourtant les chefs de légion crussent nécessaire de recourir à leurs cohortes de troisième ligne. Mais Crassus, mieux placé pour bien voir les événements de la bataille, en aurait jugé autrement : il aurait regardé comme urgent de secourir l'aile gauche, et, pensant que le succès remporté à l'aile droite permettait de distraire de cette aile, sans danger, les cohortes de réserve non employées, il aurait pris sur lui d'envoyer toute la troisième ligne vers l'aile gauche menacée.

DE LA POURSUITE JUSQU'AU RHIN.

Après leur défaite, les Germains prirent la fuite et descendirent le cours de l'Ill, sur la gauche de cette rivière. La bataille avait duré la plus grande partie du jour; il n'est donc pas probable que la cavalerie de César se soit mise à la poursuite avant le lendemain 15 septembre. Elle sabra les traînards et ne put arriver que le 16 septembre, assez tard, au confluent de l'Ill et du Rhin, où la masse des fuyards s'était arrêtée. Il lui fallait en effet deux journées de marche pour franchir les 74 kilomètres qui séparent le champ de bataille du confluent (à la Wanzenau et Kilstett).

Les Ubiens poursuivirent les Suèves qui étaient arrivés sur les bords du Rhin (*Guerre des Gaules*, I, 54) : il est permis d'en inférer que les points de passage choisis par les Suèves étaient dans le pays des Ubiens, lequel se serait donc étendu, vers le sud, au moins jusqu'au confluent du Neckar et du Rhin. (Voir *page 91*.)

CHEZ QUEL PEUPLE FUT LIVRÉE LA BATAILLE?

La plaine de Bebelnheim et de Zellenberg, où nous plaçons le lieu de la défaite d'Arioviste, est située au sud et à 6 ou 7 kilomètres de l'Ecken-Bach, que tout permet de considérer comme ayant séparé les Séquanes des Médiomatrices. (Voir *page 90*.) La bataille aurait donc été livrée en Séquanie, à l'extrémité septentrionale du pays. Dans les *Commentaires*, le récit de la guerre des Germains se termine comme il suit : « Cæsar, una æstate duobus maximis bellis confectis, maturius paulo, quam tempus anni postulabat, in hiberna in Sequanos exercitum deduxit... » (*Guerre des Gaules*, I, 54.) Comme l'armée romaine, moins la cavalerie, semble être restée sur le champ de bataille après la victoire, quelques auteurs ont conclu des mots *in Sequanos exercitum deduxit* que la bataille ne fut pas livrée chez les Séquanes. Nous ne regardons pas cette interprétation comme forcée, et, nous appuyant de différents passages où César emploie l'expression *exercitum deducere*, nous croyons que si la bataille s'est donnée dans la partie extrême de la Séquanie et que César ait ramené l'armée dans l'intérieur de ce pays, à Vesontio, par exemple, il a très bien pu écrire : « in hiberna in Sequanos exercitum deduxit ». On remarquera d'ailleurs que la cavalerie ne resta pas sur le champ de bataille, mais qu'elle arriva jusqu'au confluent de l'Ill et du Rhin, hors du territoire séquanais.

TABLEAU DES DATES.

DATES.		ÉVÉNEMENTS.
CALENDRIER ROMAIN.	STYLE JULIEN.	
An 696.	An 58.	
5 juillet.	29 juin.	Bataille de Montmort.
6 —	30 —	Cés: reste sur le champ de bataille; les Helvètes se re-
7 —	1ᵉʳ juillet.	tirent chez les Lingons.
8 —	2 —	
8 —	2 —	Les Helvètes arrivent dans le pays des Lingons.
9 —	3 —	César se met à la poursuite des Helvètes.
14 —	8 —	César atteint les Helvètes vers Tonnerre.
24 —	18 —	Assemblée générale de la Gaule.
24 —	18 —	Négociations de César et d'Arioviste.
18 août.	12 août.	
19 —	13 —	César part de Tonnerre, marche vers le Rhin à la ren- contre d'Arioviste.
22 —	16 —	César se détourne de sa route, marche sur Vesontio.
25 —	19 —	César occupe Vesontio.
26 —	20 —	Arioviste apprend que César marche à sa rencontre.
26 —	20 —	Séjour à Vesontio; panique de l'armée romaine.
28 —	22 —	
29 —	23 —	César part de Vesontio pour la vallée du Rhin.
30 —	24 —	Arioviste marche vers la Séquanie.
3 septembre.	28 —	Arioviste campe sur la Brüche.
4 —	29 —	César campe sur la Fecht; Arioviste lui envoie des députés.
11 —	3 septembre.	Entrevue de César et d'Arioviste au tertre de Plettig.
12 —	4 —	Arioviste demande la reprise des pourparlers.
13 —	5 —	César envoie Procillus à Arioviste. Celui-ci lève son camp et s'établit au pied des Vosges à 6 milles de César.
14 —	6 —	Arioviste campe sur les hauteurs de Bebelnheim et de Zellenberg, interceptant les communications de César.
15 au 19.	7 au 11.	César se met en bataille chaque jour, appuyé à son camp.
20 septembre.	12 septembre.	César rétablit ses communications en fortifiant la colline de Bebelnheim.
21 —	13 —	César offre la bataille à une petite distance de son camp. Arioviste attaque le petit camp.
22 —	14 —	Bataille de la Fecht.
24 —	16 —	La cavalerie arrive au confluent de l'Ill et du Rhin.
26 —	18 —	Nouvelle lune.

DE LA TROISIÈME LIGNE DANS LES ARMÉES ROMAINES.

La conduite de Publius Crassus qui, chef de la cavalerie à la bataille de la Fecht, envoya la troisième ligne d'infanterie au secours de l'aile gauche, engage à examiner quel était, en principe, le rôle de la troisième ligne dans les armées romaines.

César, dans presque toutes ses batailles, a mis les légions sur trois lignes, et de telle sorte que chaque légion présentait quatre cohortes en première ligne, trois cohortes en deuxième ligne et trois cohortes en troisième ligne. Considérons d'abord une seule légion, comptant, pour fixer les idées, 4,500 hommes, placés dans le manipule sur huit rangs de profondeur. Quand elle se formait pour le combat, les cohortes des deux premières lignes étaient déployées, chaque légionnaire disposant de six pieds dans le rang; les cohortes de la troisième ligne restaient dans l'ordre à files serrées. Dans le cas particulier que nous supposons, la cohorte, de 450 hommes, couvrait un espace de terrain de 103 mètres de front sur 15 mètres de profondeur. La distance qui séparait les lignes, d'un front à l'autre, était probablement égale au front de la cohorte non déployée; donc la légion couvrait un terrain d'environ 420 mètres sur 119 mètres. (Voir la *partie gauche de la figure, page suivante.*)

Dans une armée composée de plusieurs légions, celles-ci étaient rangées les unes à côté des autres; par conséquent, une armée de six légions présentait vingt-quatre cohortes en première ligne et dix-huit cohortes sur chacune des deux autres lignes. Si on continue à supposer des légions de 4,500 hommes, on trouve que la longueur du front de bataille aurait été d'un peu plus de 2,500 mètres, et la profondeur de l'armée d'environ 120 mètres.

Considérons maintenant les fonctions des trois lignes d'une légion indépendante se disposant à combattre contre une troupe ennemie. Les

dix cohortes de la légion s'en rapprochaient jusqu'à ne plus en être séparées que par une distance qu'on peut évaluer en moyenne à 600 pieds
romains (*178 mètres, ou à peu près un stade*). Au signal d'attaque, les
deux premières lignes marchaient au pas de charge à la rencontre de
l'ennemi, qui généralement en faisait autant de son côté : elles avaient
donc à franchir 89 mètres avant d'arriver au choc. La troisième ligne
ne bougeait pas, de sorte qu'après la marche des deux premières lignes,
c'est-à-dire au moment du choc, elle était à 193 mètres environ du front
des combattants. (Voir la *figure ci-dessous.*)

On sait que la première ligne, avant de joindre l'ennemi, et lorsqu'elle n'en était plus qu'à la distance de 20 à 25 mètres, marquait un

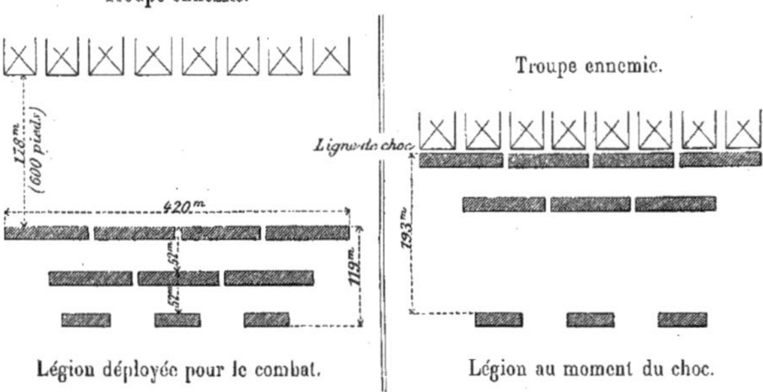

arrêt pour que les hommes des deux premiers rangs pussent lancer les
pilums; puis elle se précipitait l'épée à la main. A ce moment, la
deuxième ligne, qui l'avait suivie, s'arrêtait à 40 ou 50 mètres en arrière,
prête à la soutenir. Si la première ligne ne réussissait pas, dès le premier choc, à culbuter l'ennemi, elle continuait à combattre. Mais comme
le légionnaire était pesamment armé et que les combats étaient des luttes

d'homme à homme, il est à croire qu'au bout de quinze à vingt minutes,
la première ligne avait besoin d'être soutenue ou relevée. Alors les soldats de la deuxième ligne passaient dans les intervalles des combattants,
pendant que ceux de la première se retiraient pour reprendre haleine.
Au moment voulu, ces derniers relevaient, à leur tour, les troupes de la
deuxième ligne, et la manœuvre se répétait alternativement. Comme on
le voit, la bataille était conduite par les deux premières lignes.

Quant à la troisième ligne, elle constituait indubitablement la réserve
de la légion, c'est-à-dire une force que le chef gardait à sa disposition,
soit pour soutenir les deux premières lignes, soit pour parer aux cas
imprévus, soit encore pour frapper le coup décisif.

On remarquera, en passant, les avantages que présentait l'ordre de
combat de la légion. Tout, dans cet ordre de combat fortement concentré,
était calculé pour l'ébranlement et la rupture de la ligne ennemie. Quatre
cohortes, mises chacune sur huit, sur neuf ou sur dix rangs de profondeur, marchaient à l'attaque, la préparaient en ébranlant le front de
l'ennemi par la redoutable décharge des pilums, exécutée à 20 ou
25 mètres, et se jetaient aussitôt sur lui l'épée à la main; trois autres
cohortes étaient prêtes à les soutenir, et trois autres restaient en réserve.
Ainsi 4,500 hommes, divisés en dix unités de combat, se trouvaient
massés, dans un espace de terrain de 420 mètres sur 200 mètres,
pour donner le choc, pour en soutenir l'intensité et pour en rendre l'effet
déterminant.

Mais s'il est hors de doute qu'en principe, dans une légion combattant
isolément, la troisième ligne fît la fonction d'une réserve, en doit-on conclure que, dans une armée composée de plusieurs légions, la troisième
ligne fût la *réserve générale* de l'armée? Telle est la question que nous
tiendrions à éclaircir.

Les écrivains militaires, Rösch, de Göler, Rüstow et autres, assignent
à la troisième ligne d'une armée romaine le rôle d'une *réserve générale*.

Cependant, dès le premier examen, on reconnaît la fausseté d'une telle opinion. Quel est en effet le caractère d'une réserve d'armée? Celle-ci est un corps de troupes, le plus souvent un corps d'élite, que le général en chef garde sous la main et dont il a seul la libre disposition. C'est une *force concentrée*, qu'il peut porter, à tout moment et avec promptitude, sur un point quelconque du champ de bataille pour parer à quelque accident imprévu. Telle était, par exemple, la vieille garde dans les guerres de Napoléon Ier. Mais doit-on reconnaître ce même caractère à toute une ligne de bataille, qui, comme la troisième ligne d'une armée romaine, s'étendait sur plusieurs kilomètres de longueur, et qui se composait de plusieurs parties appartenant à des corps de troupes constitués et distincts, c'est-à-dire aux différentes légions déployées? Et peut-on dire que les cohortes de la troisième ligne formassent, dans leur ensemble, une *force concentrée* sous l'œil et sous la main du chef d'armée, force capable d'être envoyée rapidement sur un point quelconque, surtout si on considère que les légionnaires, armés du casque et du bouclier, étaient peu mobiles, et qu'il leur eût fallu quelquefois près d'une heure pour se porter d'une aile à l'autre?.

César a mis son armée sur trois lignes dans presque toutes ses batailles, à Montmort, à la Fecht, contre les Usipètes et les Tenctères, contre Afranius, à Pharsale, à Uzita, à Thapsus[1]. Ni lui dans ses *Commentaires*, ni les auteurs anciens qui ont écrit sur ces batailles ne donnent une seule fois à entendre que la troisième ligne fût une réserve générale de l'armée. Les *Commentaires* citent trois batailles où la troisième ligne fut employée dans un but déterminé, celle de Montmort, celle de la Fecht et celle de Pharsale.

A la première de ces batailles, les Helvètes, repoussés de la colline d'Armecy (voir *Histoire de Jules César, Guerre civile*, tome II, page 448),

[1] Il est probable que César fit de même à Berry-au-Bac, sur la Sambre, à la bataille de Zela et à celle de Munda.

se retirèrent sur les hauteurs de Montmort : pendant que l'armée romaine les suivait dans leur mouvement de retraite, 15,000 Boïens et Tulinges débouchèrent inopinément sur son flanc gauche, menaçant de la tourner et de la prendre à dos. César fit faire face en arrière à sa troisième ligne pour l'opposer à ce corps tournant, pendant que ses deux premières lignes allaient résister de front aux Helvètes revenus à la charge. On ne peut pas dire que la troisième ligne ait fait là l'office d'une réserve : César l'employa simplement pour parer à un danger dont il se vit tout à coup menacé avant même que l'action générale ne fût engagée.

A parler maintenant de la bataille de la Fecht, on a vu plus haut, page 116, dans quelle circonstance Publius Crassus prit sur lui de disposer de la troisième ligne. La narration des *Commentaires* montre bien que César n'avait pas destiné cette ligne à constituer une réserve générale dont il entendait seul disposer. S'il en avait été ainsi, il n'aurait pas pris en personne le commandement de son aile droite, ce qui l'empêchait de bien voir tout le champ de bataille et de parer aux éventualités possibles. Il laissa certainement les cohortes de la troisième ligne aux ordres des chefs de légion respectifs, et la conduite de Crassus s'explique sans peine comme nous l'avons dit, à cette même page 116, en admettant que, malgré la situation fâcheuse où se trouvait l'aile gauche romaine, les chefs de légion qui commandaient là n'avaient pas cru le moment venu de faire agir leurs cohortes de réserve, lorsque le chef de la cavalerie jugea urgent, au contraire, de secourir cette aile compromise : il y envoya alors toute la troisième ligne, comprenant et les cohortes des légions de l'aile gauche et celles des légions de l'aile droite dont César n'avait pas eu besoin pour repousser l'aile gauche des Germains.

De toutes les batailles de César, celle de Pharsale est la seule où il enjoignit à sa troisième ligne de ne pas bouger sans un ordre de lui, et où, par conséquent, celle-ci représenta vraiment une force dont il se réserva l'emploi. Dans les *Commentaires*, il insiste d'une façon toute particulière sur cette injonction, ce qui prouve surabondamment qu'en principe la troisième ligne n'était pas la réserve générale de l'armée : « Simul tertiæ aciei totique exercitui imperavit, ne injussu suo concurreret : se, quum id fieri vellet, vexillo signum daturum. (*Guerre civile*, III, 89.) Pourquoi César désigne-t-il ici spécialement la troisième ligne malgré les mots *totique exercitui* qui suivent? C'est qu'il voulait l'avoir à sa disposition dans le cas d'un danger facile à prévoir. Rappelons sommairement les faits.

Les deux armées romaines étaient en présence, chacune rangée sur trois lignes, une des ailes appuyée à l'Énipée. (Voir *Histoire de Jules César, Guerre civile*, tome II, pages 22 et 23, planche 17 *bis*.) Plus de 6,000 chevaux aux ordres de Labienus tenaient l'extrême gauche de Pompée, appuyés par les archers et les frondeurs. Or César ne pouvait leur opposer que 1,000 chevaux qui flanquaient sa droite. Jugeant que Labienus avait pour mission de le tourner et de prendre son infanterie à dos, il forma, pour arrêter ce mouvement, une quatrième ligne qu'il disposa, cachée derrière son aile droite, sur une direction oblique au front de bataille. Mais comme il était à craindre que la cavalerie ennemie ne culbutât ces troupes de quatrième ligne et ne prît les légions à revers, César, si cela arrivait, voulut pouvoir lui opposer sa troisième ligne, à laquelle il aurait alors ordonné de faire face en arrière en bataille : il importait donc que cette ligne restât disponible.

Ainsi, César garda la troisième ligne sous la main pour l'employer sur place, en cas d'une éventualité prévue; mais cet exemple particulier n'autorise nullement à croire, comme l'ont fait les écrivains déjà cités, qu'en principe la troisième ligne fût la réserve générale de l'armée. Chez les Romains, il n'y avait que les corps de troupes peu nombreux qui pussent se constituer une réserve; car, vu le défaut de mobilité des légionnaires, il fallait qu'elle n'eût que de petites distances à parcourir pour arriver en temps utile aux points menacés. Une légion de 4,000 à

5,000 hommes, par exemple, pouvait avoir une réserve. On a vu, en effet, qu'au moment où la légion en venait au choc, sa troisième ligne se tenait à 200 mètres environ du front des combattants; or cette distance n'était pas trop grande pour que des hommes pesamment armés, comme l'étaient les légionnaires, ne pussent facilement la franchir : les cohortes de réserve se trouvaient donc en position de porter, au besoin, un prompt secours à celles des deux premières lignes. Il eût été plus difficile déjà, dans une petite armée composée de deux légions, d'employer utilement une réserve générale parce que les distances que celle-ci aurait eu à parcourir pour se porter d'un point à l'autre de la ligne de bataille, eussent été plus grandes. La difficulté, on le comprend sans peine, eût encore augmenté avec le nombre des légions dont l'armée aurait été formée.

Ces considérations excluent toute idée d'une réserve générale dans les armées romaines. C'est donc une erreur que d'assigner ce rôle à la troisième ligne des armées de César. A part le cas qui se présenta à la bataille de Pharsale, il laissa toujours les cohortes de la troisième ligne à la disposition des chefs de légion ou des lieutenants placés à la tête de deux ou trois légions.

FONCTIONS DES LIEUTENANTS DE CÉSAR DANS LA BATAILLE.

Dans la première année de la guerre des Gaules, César eut une armée de six légions. Le sénat lui avait accordé cinq lieutenants qui étaient, selon toute probabilité : Titus Labienus, L. Arunculeius Cotta, Q. Titurius Sabinus, Quintus Pedius et Sulpicius Galba. Les lieutenants n'étaient pas mis à la disposition d'un gouverneur de province ou d'un général d'armée avec le caractère de chefs de légion : on lui laissait la faculté de les employer à son gré, selon les besoins et les circonstances. César, dans ses guerres, leur donna tantôt des missions importantes, tantôt le commandement temporaire d'une ou de plusieurs légions, soit détachées, soit constituant une partie de la ligne de bataille. On lit dans les *Commentaires* qu'à la bataille de la Fecht il mit les cinq lieutenants à la tête d'une légion chacun, et le questeur à la tête de la légion restante, *pour que chaque soldat eût des témoins de son courage* : « Cæsar singulis legionibus singulos legatos et quæstorem præfecit, uti eos testis suæ quisque virtutis haberet. » (*Guerre des Gaules*, I, 5₂.) Ce texte indique clairement l'objet de leur présence à la bataille : il n'était autre que de rehausser, chez les soldats, le courage et le sentiment de l'honneur. Mais les lieutenants n'avaient pas, ce jour-là, le commandement effectif des légions; en d'autres termes, leurs fonctions n'y étaient pas comparables à celles des généraux des armées modernes, qui, au feu, commandent leurs brigades ou leurs divisions.

César, cette même année 696 de Rome, faisait sa première campagne comme général en chef. L'étude des *Commentaires* montre que pendant les douze ans de guerre qui suivirent, il apporta plus d'un changement dans l'organisation de son armée, et en particulier dans les fonctions des titulaires des grands commandements. On ne peut douter que, dans la première année de la guerre des Gaules, les chefs de légion ne fussent les tribuns des soldats. On sait quelle était l'importance et l'étendue de leurs attributions. Chaque légion en comptait probablement six, comme avant l'époque de César; mais tous n'y avaient pas le même rang. Il est présumable que le chef de la légion était le premier tribun des soldats (*Tite Live*, XLI, 3), et que les cinq autres y commandaient sous ses ordres des groupes de cohortes. Leur autorité de chefs militaires ne semble avoir subi aucun changement dans les deux premières années de la guerre des Gaules; car en 697, à la bataille de la Sambre, on voit César s'adresser aux tribuns des soldats pour l'exécution d'une manœuvre particulière. (*Guerre des Gaules*, II, 26.) Mais la guerre se prolongeant d'une année à l'autre, et les occasions qui mettaient les lieutenants de César à la tête des légions détachées se multipliant, il s'ensuivit que les fonctions de ces hauts personnages devinrent exclusivement militaires. Ainsi dès la fin de 697, Galba est envoyé dans le Valais avec une légion; l'année suivante, Labienus est détaché chez les Trévires avec la cavalerie, et Sabinus l'est avec trois légions chez les Unelles. Mais l'année 700, où César répartit son armée en différents quartiers d'hiver, éloignés les uns des autres et commandés par ses lieutenants, semble marquer l'époque à partir de laquelle ceux-ci devinrent de véritables chefs de légion. Les opérations militaires qu'ils eurent à diriger en firent vraiment des commandants de troupes dont le rôle, dans les combats, ne se borna plus à celui que César leur avait assigné à la bataille de la Fecht. Sans être les chefs permanents des légions, ils en eurent le commandement effectif pendant tout le temps qu'il plut à César de le leur conserver. Comme on le pense bien, l'autorité des tribuns des soldats dut nécessairement s'en trouver amoindrie.

DU RÔLE DE NOS OFFICIERS DE COMPAGNIE
COMPARÉ À CELUI DES CENTURIONS.

Dans le combat, l'action personnelle des lieutenants et des tribuns des soldats était assez limitée, ce qui s'explique par le caractère même des batailles de César où les armées se prenaient corps à corps sur une étendue de plusieurs kilomètres. Comme chaque cohorte agissait là pour son compte, le rôle important incombait à ses six centurions qui combattaient dans la mêlée avec les hommes de leurs centuries respectives, et qui pouvaient, à tout moment, en être vus et entendus. Ces officiers et leurs subordonnés, sorte de sous-officiers, désignés, croit-on, par les dénominations d'*optiones* et de *decani*, étaient les vrais conducteurs du combat; l'intervention d'une autorité militaire supérieure aurait été illusoire.

On a vu, page 120, quelle était la formation de combat de la légion : quatre cohortes déployées en première ligne commençaient l'attaque,

trois cohortes de deuxième ligne étaient rangées à 40 ou 50 mètres en
arrière prêtes à les soutenir, et trois cohortes se tenaient en réserve à
une centaine de mètres de ces dernières. Aujourd'hui que les perfection-
nements des armes à feu ont beaucoup modifié la tactique de combat
de l'infanterie, on est frappé de la similitude qu'il y a entre la nouvelle
tactique et celle de la légion : notre épaisse chaîne de tirailleurs correspond à la première ligne d'infanterie romaine, les soutiens figurent la
deuxième ligne, les réserves la troisième ligne. Nos officiers de compagnie ont actuellement, dans la bataille, des fonctions semblables, de
tout point, à celles qu'avaient les centurions. A notre avis, les guerres
futures montreront que le rôle de ces officiers a gagné en importance :
ils seront, avec l'aide des sous-officiers, les *conducteurs du combat.*

Il peut y avoir quelque intérêt à comparer le nombre des officiers de
compagnie d'un de nos régiments d'infanterie de 3,000 hommes à celui
des centurions d'une légion de même effectif. La légion avait 60 centurions [1], ou 1 officier pour 50 hommes; le régiment a 48 officiers de compagnie, ou 1 officier pour 62 hommes.

Si le rôle des officiers de compagnie a gagné en importance par suite
de la nouvelle tactique de combat, inversement celui des officiers de
grade supérieur (chefs de bataillon, lieutenant-colonel et colonel) a
diminué dans la même proportion. Les personnes chargées d'organiser
nos forces militaires pourraient méditer cette question; elles auraient
à se demander s'il ne conviendrait pas de diminuer le nombre des
emplois intermédiaires entre celui de capitaine et celui de général de
brigade. Les économies résultant de ces suppressions serviraient à

---

[1] Nous rappellerons que la légion comptait dix cohortes, la cohorte trois manipules,
le manipule deux centuries. Chaque centurie était commandée par un centurion. Le manipule (deux centuries) n'avait pas de chef propre; il était commandé par le premier de ses
deux centurions (*centurio prior*). La cohorte (trois manipules) n'avait pas de chef propre;
elle était, sans aucun doute, commandée par le premier de ses six centurions (*primipilus*).

améliorer la position des officiers, et principalement à constituer un
excellent corps de sous-officiers.

LA *GUERRE DES GAULES* COMME LIVRE D'ENSEIGNEMENT NATIONAL.

Les huit livres de la *Guerre des Gaules*, dont sept furent dictés par
César, renferment les plus anciens renseignements historiques sur les
peuples qui, de son temps, habitaient la région comprise entre le Rhin,
les Alpes, la Méditerranée, les Pyrénées et l'Océan. La France est ainsi le
seul pays qui puisse s'enorgueillir d'avoir pour géographe et pour historien de ses origines un des plus grands esprits qui aient existé. Et pourtant, les *Commentaires* de César ne servent, en France, qu'à enseigner
un peu de latin à la jeunesse, lorsqu'ils devraient être le livre par
excellence, propre à lui faire connaître l'histoire de ses ancêtres. A la
vérité, les écrits de César présentaient, à la seule lecture, une certaine
aridité; mais il n'en est plus ainsi, et ils offrent au contraire le plus grand
intérêt depuis la publication de l'*Histoire de Jules César* par Napoléon III,
où sont consignées toutes les découvertes faites à la suite des recherches
ordonnées par l'Empereur.

Il importerait avant tout que nous eussions en France une bonne
traduction de la *Guerre des Gaules*, traduction accompagnée d'un atlas et
de notes explicatives. Ce livre devrait alors être classé parmi les principaux documents de notre enseignement national [1]. Les élèves, sous la
conduite de leurs maîtres ou de leurs professeurs, visiteraient les lieux
célèbres, les emplacements des villes gauloises, les champs de bataille,
les voies celtiques ou romaines. A l'étranger, en Suisse, en Angleterre,
en Allemagne, on apprécie beaucoup l'utilité de pareils voyages : on y

[1] Nous renvoyons à la brochure de M. Th. Cart, intitulée *l'Enseignement du latin à l'École
normale primaire*. Le jeune auteur y explique avec beaucoup de sens de quelle utilité pourrait
être l'étude de la *Guerre des Gaules* pour les instituteurs de l'École normale primaire.

sait combien ils servent à développer chez les enfants et chez les jeunes
gens le sentiment de la patrie.

La *Guerre des Gaules* renferme des parties dont l'étude ne peut intéresser que les hommes réfléchis : tel est, par exemple, le sixième livre
où sont décrites les mœurs des Gaulois et celles des Germains. Montesquieu dit dans l'*Esprit des lois* : « Quelques pages de César sur cette matière sont des volumes. » Et, de fait, les tableaux qu'il a tracés constituent
un inépuisable sujet de réflexion.

César, qui fit la guerre aux Gaulois pendant sept ans, dans leur propre
pays, décrit en homme supérieur leurs institutions, leurs mœurs et leur
caractère. Ce qui frappe dans ses récits, c'est, en même temps que la
pénétration du narrateur, la persistance que met une race à garder ses
qualités et ses défauts. Effectivement, certaines descriptions de la *Guerre
des Gaules* semblent faites d'hier, et elles s'appliquent si bien à la nation
française, qu'on peut dire, en vérité, que si César venait à revivre, il
reconnaîtrait, à ne pas s'y méprendre, les Français d'aujourd'hui pour les
descendants des Gaulois qu'il a vaincus. A voir combien notre caractère
national a peu changé depuis la conquête romaine, on demeure persuadé
que les Latins et les peuples de race germaine qui dévastèrent et rui-
nèrent la Gaule pendant plus de deux cent cinquante ans, c'est-à-dire les
Alains, les Vandales, les Alemans, les Visigoths, les Burgundes et les
Francs, ont à peine infusé leur sang à la race indigène ou n'y ont laissé
que des traces imperceptibles.

César rend pleine justice aux qualités qui distinguaient les Gaulois :
il vante leur intelligence vive, leur activité d'esprit, leur bravoure, leur
intrépidité (*Guerre des Gaules*, I, 26 ; II, 15 ; VII, 1 ; VII, 22); mais,
grave et sérieux, comme tout Romain, il se montre tellement frappé de
leur légèreté de caractère, de leur frivolité, de leur inconstance, qu'il
signale ces défauts à chaque occasion. Il nous les représente imprévoyants,
crédules, irréfléchis, avides de changements, et le trait : *Ut sunt Gallorum*

subita et repentina consilia est resté célèbre. Ailleurs nos ancêtres sont dépeints comme prompts à se décourager, comme enclins à se laisser influencer par de beaux discours, comme se refusant à reconnaître leurs défauts ou leurs torts, et comme s'en prenant de leurs insuccès à tout chef trahi par la fortune. (*Guerre des Gaules*, II, 1; III, 8, 10, 17, 19; IV, 5, 13; V, 58; VII, 20, 21, 42.)

L'exposé de l'état politique et social de la Gaule (*Guerre des Gaules*, I, 31, 32, et VI, 11 à 20) mérite surtout d'être médité. Les Gaulois, doués de tant de qualités diverses, avaient rempli le monde de leur renommée. Ils avaient mis Rome à deux doigts de sa perte; ils avaient conquis de vastes territoires dans la plupart des contrées de l'Europe; ils s'y étaient établis, les avaient cultivés, y avaient bâti des villes; et pourtant César nous les montre incapables de se constituer en corps de nation, pas même dans le long espace de temps où, fixés entre le Rhin, les Alpes, la Méditerranée, les Pyrénées et l'Océan, ils s'y trouvèrent protégés par les plus belles frontières naturelles. Il fait un saisissant tableau de l'esprit de division inhérent à la race gauloise. On le voit, pendant toute la guerre, exploiter la jalousie des différents peuples pour les opposer les uns aux autres. La noblesse gauloise se laisse acheter, trahit tous les intérêts de la race en empêchant le sentiment patriotique de se déve- lopper, et forge ainsi, de ses propres mains, les chaînes d'une longue servitude.

Rien n'est plus intéressant que de comparer, à la lecture du sixième livre de la *Guerre des Gaules*, les Gaulois et les Germains sous le rapport du caractère, des mœurs, des habitudes et des civilisations respectives. Nous avons dit, dans un autre livre, que ces deux civilisations présentent une différence d'âge qu'on peut estimer, sans crainte d'erreur, à dix siècles au moins. La civilisation de la Grèce et de l'Italie ne commença en effet à pénétrer en Germanie qu'à la fin du règne d'Auguste, alors que les Gaulois étaient sortis depuis longtemps de l'état de barbarie.

     GUERRE DE CÉSAR ET D'ARIOVISTE.

RACE GAULOISE. — ALSACE.
LANGUE GAULOISE ET LANGUE FRANÇAISE.

C'est surtout quand on étudie les *Commentaires* de César qu'on s'étonne des regrettables erreurs où notre enseignement national entretient la jeunesse, de génération en génération; erreurs si bien accréditées et tellement enracinées dans les esprits, que celui qui ose les signaler ne recueille qu'une incrédulité dédaigneuse. Quand il est avéré que les Gaulois furent, dès l'origine, une race particulière ayant sa propre langue faite, et quand il saute aux yeux que la nation française a conservé, indélébiles, tous les caractères distinctifs des Gaulois, leurs qualités aussi bien que leurs défauts, on nous apprend pourtant que nous sommes une race latine et que le français vient du latin!

Comment pourrions-nous être une race latine? Lorsque César soumit les Gaules, la région qui correspond à la France actuelle (moins la Provence) comptait huit millions d'habitants de race gauloise. Il arriva qu'après la conquête, dès le commencement du règne d'Auguste et tant que dura la domination romaine, beaucoup de gens d'origine latine, fonctionnaires de tout grade, commerçants, ouvriers et autres, s'établirent dans la Gaule, devenue partie intégrante de l'empire. Le nombre de ces Latins des deux sexes, quel qu'il ait été, ne fut évidemment que très faible, comparé au chiffre de la population indigène, et par conséquent le nombre des mariages mixtes qui se firent entra à peine en compte dans celui des mariages contractés entre Gaulois. Malgré cela, si on considère la rapidité avec laquelle s'accroît, d'une génération à l'autre, à la suite d'un seul mariage mixte, le nombre des personnes de sang mêlé, et si on estime à cinquante-cinq celui des générations qui se sont succédé depuis l'ère chrétienne jusqu'à nos jours, on doit regarder comme indubitable qu'aujourd'hui le sang romain se trouve confondu avec le

sang gaulois dans plusieurs millions de familles françaises. Mais on reconnaîtra aussi, eu égard au grand nombre de Gaulois de pure race
répandus sur un vaste territoire, qu'il ne se mêla avec le sang indigène
que dans des proportions qui allèrent toujours en diminuant. Qu'on
remarque en outre que les habitants de contrées entières, telles que les
Cévennes, l'Auvergne, le Morvan et les Ardennes, restèrent presque purs
de tout mélange, et ou conviendra que la domination romaine n'a laissé
dans le sang gaulois que des traces imperceptibles aujourd'hui[1].

On pourrait croire que le sang gaulois s'altéra dans une proportion
beaucoup plus forte pendant les invasions germaniques qui durèrent
deux siècles et demi; toutefois, si on se représente le caractère de ces
invasions, on sera persuadé du contraire. Les Francs, les Saxons, les
Alemans, les Alains, les Vandales, les Burgundes pillaient et ravageaient
tout sur leur passage; mais leurs hordes ne séjournaient pas longtemps
dans les mêmes contrées. Et quoique Julien ait tracé, dans une lettre
aux Athéniens, un effrayant tableau de la situation où la Gaule se
trouvait de son temps, il n'en faut pas moins croire que les villes, les
riches vallées et les contrées les plus fertiles furent les seuls théâtres
de dévastation, et que des pays tout entiers, comme les Ardennes, le
Morvan, l'Auvergne, les Cévennes, n'eurent guère à souffrir des incursions des barbares. En tous cas, malgré la longue durée de ces invasions,
on reconnaîtra que le contact des peuples germains ne modifia pas sen-
siblement le sang de la race gauloise.

On fera cependant une exception pour l'Alsace et pour d'autres pays

---

[1] Cette déduction ne s'applique ni à la Provence ni à l'Aquitaine. A ne parler que de
la Provence, cette contrée, réduite en Province romaine environ soixante-dix ans avant la
conquête des Gaules, devint bientôt, grâce à sa situation voisine de l'Italie, à la douceur de
son climat, et à la facilité des communications par terre et par mer, un foyer d'émigration
latine où s'établirent un nombre considérable de citoyens romains et surtout des commerçants. Aussi le sang provençal, qu'avait déjà modifié le contact des premiers habitants avec
les colons grecs, est-il aujourd'hui fortement mêlé de sang romain.

situés le long de la rive gauche du Rhin, où le sang germain s'est mêlé
au sang gaulois dans une forte mesure; ce qui s'explique par la position
géographique de cette partie de la Gaule, qui fut forcément le chemin de
toutes les invasions. Quel est, en Alsace, le sang qui domine aujourd'hui?
Quoiqu'il soit impossible de répondre, les Allemands n'hésitent pas à
adopter les Alsaciens comme des frères, et ils invoquent à l'appui de leur
thèse le dialecte qui se parle entre le Rhin et les Vosges. Mais la langue
d'un peuple n'a jamais été un signe irrécusable de sa race; témoin la
Suisse, où les habitants parlent les uns l'allemand, les autres le français,
d'autres encore l'italien. La vérité est qu'en Alsace les races gauloise et
germaine se sont pénétrées, et que les Alsaciens sont un peuple mixte
dont le territoire fut occupé originairement par la race celtique. Aussi
doit-on regarder comme autant de faussetés historiques toutes ces asser-
tions que les Allemands se plaisent à énoncer : «Les Alsaciens sont
nos frères... ils sont avec nous les fils d'une commune patrie... eux et
nous sommes les enfants détachés d'une même tige...» Celui qui a vécu
au milieu de ces braves et excellentes populations alsaciennes reconnaît
sans peine, chez elles, le mélange du sang gaulois et du sang germain.
Et même, elles présentent par leur caractère un phénomène des plus inté-
ressants; car elles semblent n'avoir conservé que les qualités des deux
races, comme si les défauts ne s'était pas transmis avec le sang. A la race
germaine, les Alsaciens ont pris la puissance de réflexion, le sérieux, le
sentiment du devoir, mais ils n'en ont ni la présomption, ni la rudesse de
manières; d'autre part, exempts de la frivolité et de la vanité françaises,
ils se distinguent par leur bienveillance, leur urbanité, leur humeur
aimable. Vouloir reconnaître en eux des Allemands de pure race, c'est,
malgré toute affirmation contraire, une fausseté manifeste.

Mais, soit dit de nouveau, à considérer l'ensemble de la région située
entre le Jura, les Alpes, les Pyrénées et les deux mers, la raison s'oppose
à croire que les invasions des barbares et la domination romaine aient

modifié le sang gaulois dans une proportion appréciable. Les Français
sont donc bien les descendants de leurs ancêtres gaulois, et rien ne
confirme mieux cette assertion que le sixième livre de la *Guerre des
Gaules*, où César décrit le caractère des Celtes, leurs mœurs et leurs
coutumes. Comme nous le disions plus haut, ses récits s'appliquent si
complètement à la nation française, qu'on les croirait faits d'hier et
que César, s'il venait à revivre, reconnaîtrait aussitôt les Français d'aujourd'hui pour les descendants des Gaulois qu'il a soumis.

Si l'erreur qui fait de nous une race latine est au moins singulière,
celle qui veut que le français dérive du latin l'est peut-être davantage.
Nous éviterons ici les considérations purement philologiques, pour ne
nous occuper que des faits avérés. César nous apprend que les Gaulois parlaient une même langue (composée, bien entendu, de dialectes
différents). Nous n'examinerons pas quels purent être son développement
antérieur et son origine : Ammien Marcellin et Dion Cassius la désignent
comme sourde et rude, et Diodore de Sicile rapporte que les Celtes
parlaient d'une façon peu claire, énigmatiquement et avec exagération.
Il nous suffira de savoir qu'elle était formée, et parlée par huit millions
d'êtres, parvenus à un degré de civilisation assez avancé. Comment, dans
de pareilles conditions, peut-on croire que cette langue ait été détruite
au bout de quelques siècles d'une domination étrangère, qui l'aurait
remplacée par la sienne? D'autant mieux que la domination romaine
n'eut en rien le caractère d'une occupation de la Gaule par des millions
de conquérants portés à absorber ou à détruire les vaincus. Bien loin de
là, il arriva simplement que le latin devint la langue de l'administration
impériale, qu'il s'enseigna dans les écoles, et qu'il se répandit peu à peu
parmi les hautes classes du pays, surtout parmi celles des villes princi-
pales. Et comme la civilisation romaine était très supérieure à celle des
Gaulois, il se produisit là ce qui se produit toujours lorsque deux peuples

d'un degré de civilisation différent se trouvent en contact prolongé; soit par voie de conquête, soit par voie d'invasion : le peuple le moins civilisé emprunte à l'autre des mots et des expressions de toute espèce pour désigner des objets, des choses, des impressions et des sentiments qui lui étaient inconnus; et toujours ces mots ou ces expressions se rapportent de préférence à l'agriculture, à l'élève du bétail, aux arts et aux relations sociales. Les Germains, par exemple, étaient des barbares par rapport aux Gaulois lorsqu'ils refoulèrent ceux-ci pendant plusieurs siècles à travers l'Europe jusqu'au Rhin : aussi a-t-on cru reconnaître que les vieux dialectes allemands, surtout ceux du nord, avaient une foule de mots gaulois ou traduits des mots gaulois correspondants.

De même que les Gaulois donnèrent aux Germains, grâce à une civilisation supérieure, un grand nombre de mots et d'expressions, de même ils durent en emprunter beaucoup, dès leurs premières invasions en Europe, alors qu'ils étaient encore à demi barbares, aux peuples plus civilisés avec lesquels ils entrèrent en relation. On sait qu'ils occupèrent longtemps la Macédoine, la Thessalie et la Grèce, que d'autres de leurs peuplades franchirent les Alpes, refoulèrent les Étrusques au delà du Po et eurent à soutenir de longues guerres en Italie : on n'est donc pas étonné de voir que la plupart des mots gaulois qui ont trait à l'agriculture et aux rapports d'une plus grande sociabilité se retrouvent dans le latin, et, fait digne d'être noté, dans celle des parties de cette langue, précisément, qui a le plus d'affinité avec le grec.

Qu'on veuille bien remarquer maintenant que tous ces emprunts faits par un peuple à un autre enrichissaient sa langue, mais que s'ils la transformaient dans une certaine mesure, ils ne la détruisaient pas[1]. La domination romaine, en introduisant dans le gaulois un assez grand

---

[1] Au deuxième siècle, Irénée, évêque de Lyon, mandait à un de ses amis qu'il s'était vu obligé d'apprendre le gaulois, et Sulpicius Severus, qui vivait au cinquième siècle, cite un Gaulois ignorant le latin et ne parlant que le gaulois.

nombre de mots latins, ne put donc en détruire ni le fond, ni le tour, ni la syntaxe. On continua dans toute la Gaule à parler les idiomes nationaux, qui conservèrent leur tour propre, leur charpente, pour ainsi dire, et leur originalité.

Plus on y réfléchit, plus on s'étonne de l'opinion que nous combattons ici. Qu'une peuplade peu nombreuse, à demi barbare, n'ayant par conséquent qu'une langue en état de formation, vienne à la perdre après avoir été conquise et absorbée par ses vainqueurs, cela se comprendrait encore; mais vouloir qu'un peuple de huit millions d'âmes, jouissant d'une civilisation avancée et possédant une langue faite, arrive à la perdre à la suite d'une domination qui ne s'imposait que par quelques écoles, son administration, ses travaux d'utilité publique et la présence de quelques légions établies sur son vaste territoire, c'est ce que la raison n'admettra jamais. Il y a soixante ans que nous avons l'Algérie : les Arabes ont dû nous emprunter et ils nous emprunteront encore beaucoup de mots pour désigner soit des objets, soit des choses, soit des sentiments qui leur étaient inconnus; mais cesseront-ils, pour cela, de parler leur langue? La langue officielle en Autriche est l'allemand, depuis des siècles; mais les Hongrois, les Bohémiens, les Croates et autres ont-ils jamais cessé de se servir de leurs dialectes nationaux? Et les Polonais, malgré la domination russe? Et les habitants des Indes, malgré la domination anglaise? Nous le demandons : citera-t-on un seul peuple (nous ne disons pas une petite peuplade) qui ait désappris sa langue?

Faire dériver le français du latin, appeler le français une langue néolatine, semble donc une erreur évidente. Ce qu'on peut dire, c'est que beaucoup de mots latins se sont insinués dans le français et que le grec y abonde; mais le fond en est resté gaulois, malgré tout.

Il serait à désirer que notre enseignement national revînt de ses illusions, et que la France ne continuât pas à renier son origine gauloise et jusqu'à sa langue même. Cette origine et cette langue sont assez belles pour qu'elle ait le droit de s'en montrer fière, et pour qu'elle renonce à vouloir être simplement la nation sœur d'autres nations, dénommées latines, avec lesquelles elle n'a rien de commun. Ce n'est pas en ignorant son histoire ou en dédaignant de s'enorgueillir de son origine, qu'un peuple se fortifie, et la jeunesse française ne devrait pas être entretenue plus longtemps dans de fâcheuses doctrines. Les maîtres d'école, les professeurs, les historiens, les poètes ont à lui tenir un tout autre langage. Ils diront aux jeunes gens : «Vous n'êtes pas des Latins; vous êtes des Gaulois et vous descendez d'une race dont vous devez être fiers. Aucune autre n'est plus diversement douée; aucune n'a ses élans de générosité, sa force d'expansion, son génie à la fois entreprenant et actif. Elle a rempli le monde de sa renommée; plus que toute autre, elle a contribué, par son esprit et par ses armes, à émanciper la raison humaine, et elle peut s'élever à un tel héroïsme, qu'elle compte dans ses annales un fait inouï : seule contre tous, elle tint tête à l'Europe coalisée. Ses ennemis lui reprochent ses défauts et ses défaillances; ils oublient de dire que le ciel lui a donné en partage, comme pour racheter ses faiblesses, toutes les qualités aimables qui font le charme de la vie quotidienne ou qui, du moins, en adoucissent les amertumes et les peines : ce sont la bienveillance, le don de plaire, l'indulgence et la sociabilité. »

PREMIÈRES OPÉRATIONS DE CÉSAR

EN L'AN 702

EXAMEN

DES

PREMIÈRES OPÉRATIONS MILITAIRES.

A notre avis, les historiens qui ont étudié la campagne de l'an 702 dans le septième livre de la *Guerre des Gaules*, se sont trompés sur les premières opérations de César et en ont présenté un faux exposé. Leur erreur porte sur les chapitres 9 et 10 : elle est, premièrement, d'y avoir compris à tort que César réunit ses légions à Agedincum (*Sens*), et, secondement, de le faire marcher d'Agedincum, les uns dans la direction de Gien, les autres dans la direction d'Orléans, lorsqu'il partit pour aller secourir les Boïens, assiégés par Vercingetorix à Gorgobina (*Saint-Parize-le-Châtel,* au sud de Nevers). Nous nous proposons de préciser plus exactement ces opérations en montrant que César réunit son armée chez les Lingons, mais non pas à Agedincum chez les Sénonais, et que pour se porter au secours des Boïens, il prit la route qui conduisait directement d'Agedincum au confluent de la Loire et de l'Allier. Les positions de Vellaunodunum et de Genabum s'ensuivront tout naturellement.

Nous renvoyons aux neuf premiers chapitres dudit livre pour tout ce qui a trait au soulèvement des peuples gaulois et aux dispositions que fit César dès son retour d'Italie, et nous le suivrons dans ses opérations à partir de son arrivée à Vienna (*Vienne,* sur le Rhône).

DU LIEU OÙ CÉSAR RÉUNIT SES LÉGIONS.

Les dix légions étaient établies en quartiers d'hiver, deux chez les Trévires, deux chez les Lingons, et les six autres chez les Sénonais, à Agedincum. (*Guerre des Gaules*, VI, 44.) La difficulté, pour César, était de les rejoindre et de les réunir à travers la Gaule révoltée; car les chefs gaulois s'étaient concertés pour lui fermer le passage. De ces trois groupes composant son armée, le moins éloigné était celui des deux légions qui hivernaient en pays lingon; César résolut de s'y rendre en toute célérité. Arrivé inopinément à Vienna (en février 702), il prit la cavalerie qu'il y avait envoyée d'avance, et, sans s'arrêter ni de jour ni de nuit, il marcha par le pays des Éduens vers celui des Lingons où il rejoignit ses deux légions. Aussitôt il dépêcha aux légions qui étaient chez les Trévires et à celles qui étaient à Agedincum, et il concentra toute l'armée dans un même lieu avant que les Arvernes pussent être instruits de son arrivée : « Eo quum pervenisset, ad reliquas legiones mittit priusque in unum locum omnes cogit, quam de ejus adventu Arvernis nuntiari posset ». (*Guerre des Gaules*, VII, 9.) Ce texte est très clair : *César réunit l'armée chez les Lingons,* et là, probablement, où il venait de rejoindre deux de ses légions. La concentration en pays lingon était d'ailleurs tout indiquée, puisqu'elle s'opérait plus vite sur le groupe de légions placé au centre que sur chacun des deux autres.

On ne peut que former des conjectures sur le lieu du territoire lingon où avaient été mises en quartiers d'hiver les deux légions que César rejoignit. La contrée de Châtillon-sur-Seine nous semble convenir mieux que toute autre : elle était coupée par un grand fleuve et par la route gauloise qui traversait le pays des Lingons de l'est à l'ouest, par Langres et Tonnerre [1], point où cette route bifurquait sur Agedincum.

On ne comprend pas pourquoi le général de Göler (*Cäsar's gallischer Krieg in dem Jahre 52 v. Chr.*, page 6.) et d'autres écrivains après lui ont désigné Agedincum comme le lieu où se fit la concentration de l'armée. Ils ont sans doute été induits en erreur à la lecture de la phrase par laquelle César fait connaître son départ pour le pays des Boïens : «Duabus Agedinci legionibus atque impedimentis totius exercitus relictis, ad Boios proficiscitur». (*Guerre des Gaules*, VII, 10); mais il s'agit là d'un fait qui eut lieu longtemps après la concentration terminée. Le général de Göler n'a pas discerné qu'en principe de guerre, elle devait s'opérer dans le pays lingon, situé intermédiairement entre celui des Trévires et celui des Sénonais, que les mots : «Eo quum pervenisset, ad reliquas legiones mittit priusque in unum locum cogit, quam...» montrent qu'elle se fit en réalité chez les Lingons, et que si, pour un motif ou pour un autre, César l'avait effectuée à Agedincum, le texte porterait certainement, non pas *in unum locum*, mais *Agedincum*.

DU LIEU D'OÙ CÉSAR SE MIT EN OPÉRATION.

César, après avoir raconté qu'il réunit toutes ses légions sur un même point, nous apprend que Vercingetorix, informé du fait, ramena l'armée gauloise chez les Bituriges et alla mettre le siège devant

---

[1] On ne saurait douter, en effet, que la voie romaine dont les vestiges subsistent à Dancevoir, entre Etrochey et Laignes, et entre Gland et Tanlay, n'ait remplacé la route gauloise, sauf quelques rectifications, dans toute son étendue.

Gorgobina, ville des Boïens. Il énumère les embarras de sa situation et la difficulté qu'il eut à prendre un parti; il donne la raison qui l'engagea à secourir la place de Gorgobina, puis il ajoute que, sa résolution fixée, il laissa deux légions et les bagages de toute l'armée à Agedincum, et partit pour le pays des Boïens : « Duabus Agedinci legionibus atque impedimentis totius exercitus relictis, ad Boios proficiscitur. » (*Guerre des Gaules*, VII, 10.) Au premier abord, on trouve ce texte assez clair pour se croire autorisé à en inférer, avec certitude, que les dix légions de l'armée étaient alors réunies à Agedincum, et que ce fut de là que César se mit en marche pour le pays des Boïens. Toutefois cette conclusion ne nous semble pas forcée; car si on remarque que les *Commentaires* ne mentionnent aucun déplacement de l'armée après sa concentration chez les Lingons, on est en droit de supposer que César resta sur leur territoire, et que ce fut de là qu'il partit pour secourir Gorgobina après avoir envoyé à Agedincum, sa place de dépôt, les bagages de toute l'armée sous l'escorte de deux légions. Et comme le texte rapporté plus haut s'appliquerait très bien à cette situation supposée, on voit que, par lui-même, il ne permet pas de savoir si César partit d'Agedincum ou du pays lingon.

Mais la suite de la relation latine donne le moyen de résoudre la question en montrant que ce fut bien d'Agedincum que César se mit en opération. On lit en effet, chapitre 11, qu'étant en marche vers le pays des Boïens, par la route qui y conduisait directement (comme on le verra plus loin), il arriva le second jour [1] à Vellaunodunum, ville des Sénonais, qu'il en commença le siège, et qu'après l'avoir soumise, il atteignit en *deux autres jours de marche* Genabum,

[1] Voir *Explications et remarques*, page 154.

place appartenant aux Carnutes et située sur la Loire. Or une ligne
menée de l'extrémité occidentale du territoire lingon au confluent de

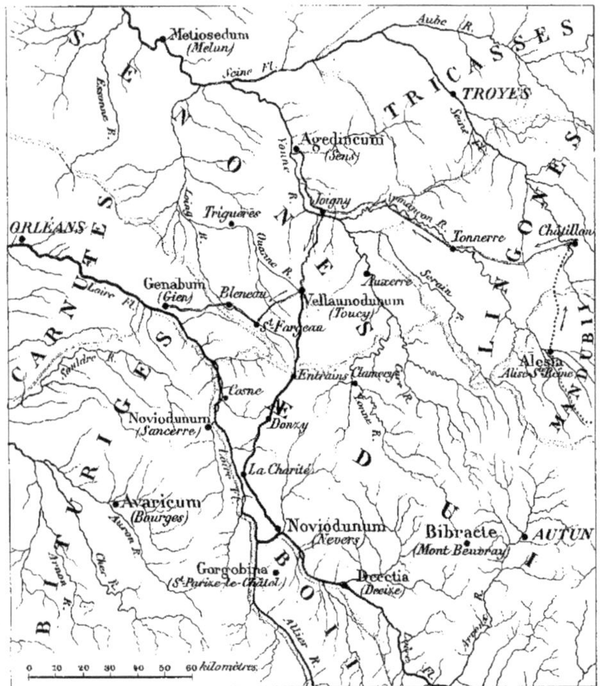

la Loire et de l'Allier, c'est-à-dire au pays habité par les Boïens, laisse
Gien et Orléans, les seules villes qu'on identifie habituellement avec

Genabum, à *quatre et six jours de marche* vers l'ouest. Cette raison suffit pour prouver que César partit, non pas du pays lingon, où il avait réuni toutes ses forces, mais d'Agedincum, sa place de dépôt, comme semble d'ailleurs l'indiquer à priori la phrase déjà citée.

L'armée, quoique les *Commentaires* ne le disent pas explicitement, n'était donc pas restée chez les Lingons; mais César l'avait portée sur Agedincum dans l'espace de temps qui s'était écoulé depuis le jour de la concentration jusqu'à celui du départ pour le pays des Boïens. Cet espace de temps fut assez considérable, ainsi qu'on peut en juger à la lecture du chapitre 9; car il comprend, d'abord le temps qu'il fallut pour que Vercingetorix fût avisé du rassemblement des légions et allât mettre le siège devant Gorgobina, et ensuite celui qui fut nécessaire pour que César reçût la nouvelle de cette entreprise du chef gaulois et prît un parti dans la situation difficile qui lui était faite. On ne se trompera guère en estimant cet intervalle de temps à douze ou quinze jours.

Nous regarderons donc comme prouvé que l'armée romaine, après la concentration, alla camper à Agedincum, sa place de dépôt, et que ce fut de là qu'elle se mit en marche pour aller secourir les Boïens, établis entre la Loire et l'Allier, au confluent de ces rivières.

MARCHE D'AGEDINCUM À VELLAUNODUNUM.

Le départ de César d'Agedincum et le pays vers lequel il se dirigea sont indiqués par la phrase « Duabus Agedinci legionibus atque impedimentis totius exercitus relictis, ad Boios proficiscitur. » Les mots qui la terminent, *ad Boios proficiscitur,* ont un sens trop net pour qu'il ne soit pas évident que César marcha directement vers le pays des Boïens, c'est-à-dire vers le confluent de la Loire et de l'Allier (voir *la figure* page 145), pour atteindre le plus vite possible Gorgobina, assiégée par Vercingetorix. Aucune autre interprétation n'est ici permise, et on est surpris de voir les écrivains militaires détourner l'armée romaine de la bonne route en la portant vers l'ouest, les uns dans la direction de Gien, les autres dans la direction d'Orléans. Incontestablement, César marcha droit, du nord au sud, par la route d'Agedincum à Noviodunum (*Nevers*), laquelle traversait le territoire des Sénonais et celui des Éduens. C'est la route actuelle de Sens à Nevers; elle passe à Joigny, à Toucy, à Entrains, à Donzy et à la Charité.

D'après les *Commentaires*, l'armée arriva le second jour à Vellaunodunum, ville sénonaise. Bien que la saison fût mauvaise (l'hiver finissait à peine), comme les troupes romaines marchaient sans leurs gros bagages, on pourra calculer les étapes à raison de trente kilomètres en moyenne. On voit donc que Vellaunodunum se trouvait sur la route de Sens à Nevers, environ à soixante kilomètres de Sens.

POSITION DE VELLAUNODUNUM.

Toucy, petite ville située sur l'Ouanne, dans le département de l'Yonne, remplit entièrement les conditions qui viennent d'être énoncées; car elle est sur la route de Sens à Nevers, à soixante et un kilomètres de la première de ces deux villes. Cette raison, qu'on verra appuyée d'autres preuves présentées plus loin, ne laisse aucun doute sur l'identification de Vellaunodunum avec Toucy.

La situation de Toucy est des plus remarquables. La vieille ville occupe, sur les hauteurs qui bordent la rive droite de l'Ouanne, le point où celles-ci s'en rapprochent le plus, ce qui fait qu'elle domine et ferme la vallée. Cette seule condition montre que la hauteur de Toucy a dû être fortifiée et habitée de tout temps.

L'origine de Toucy est en effet très ancienne. Vers le commencement du cinquième siècle, la ville fut donnée par saint Germain à l'église de Saint-Étienne d'Auxerre. Les évêques d'Auxerre devinrent seigneurs de Toucy. La ville fut érigée en paroisse en 692 et, en 980, Héribert, évêque d'Auxerre, frère de Hugues Capet, y fit bâtir un château épiscopal. Ce château fut brûlé en 1060 par Thibaut, comte de Champagne, et reconstruit, vers le douzième siècle, par Guillaume de Toucy, qui y fit édifier une chapelle, remplacée au siècle suivant par une église collégiale. En 1423, après la bataille de Cravant, la ville fut prise et brûlée par les Anglais et les Navarrais ; l'église et le château furent détruits. Si on se reporte à des temps plus reculés, on peut croire que Toucy fut occupée pendant la domination des Romains : effectivement, des ouvriers, en creusant une cave sous une ancienne muraille, trouvèrent, il y a une quinzaine d'années, au milieu d'un amas de charbon, un grand nombre de médailles de toute provenance, dont plusieurs, dit-on, de l'époque romaine. Autour du vieux château, on découvre assez souvent dans la terre des couches de charbon et de bois brûlé.

Ajoutons que Toucy est le point de croisement des routes qui conduisent du cours supérieur de l'Yonne vers la Loire, et, de Nevers, Cosne et Clamecy, vers Joigny et Sens. Il est trop évident que les Gaulois ne négligèrent pas d'occuper un poste qui, par sa situation et par ses défenses naturelles, est la clef de la vallée de l'Ouanne. Tout porte donc à reconnaître comme vrai qu'il existait à Toucy une ville gauloise, avant la conquête romaine.

MARCHE DE VELLAUNODUNUM À GENABUM.

Si on continue à suivre le récit des *Commentaires,* on voit que
César, voulant assurer ses derrières pendant son mouvement sur
Gorgobina, assiégea Vellaunodunum, que la place se rendit le troisième jour, et qu'informé, sur ces entrefaites, que Genabum, ville
des Carnutes, située sur la Loire, se préparait à la résistance, il se
porta sur cette place à son départ de Vellaunodunum.

Ces renseignements indiquent un changement de direction dans la
marche de César. Jusque-là il avait marché, du nord au sud, en plein
pays sénonais. Or les Carnutes habitaient à l'ouest des Sénonais et de
la route d'Agedincum à Noviodunum, suivie par l'armée romaine : il
est donc clair que César dut se détourner de cette route lorsqu'il se
porta de Vellaunodunum sur Genabum. On lit qu'il mit deux jours à
faire le trajet, « Huc biduo pervenit. » (*Guerre des Gaules,* VII, 11).
D'après cela, et en évaluant toujours les étapes à trente kilomètres,
comme nous l'avons déjà fait, on est conduit à placer Genabum sur la
Loire, à l'ouest et à soixante kilomètres de Toucy.

POSITION DE GENABUM.

Cette distance est exactement celle de Toucy à Gien, mesurée par
Saint-Fargeau, Bleneau et Ouzouer. Il en résulte que Genabum correspond à la ville actuelle de Gien, située au bord même de la Loire,
dans une position naturellement fortifiée, favorable pour l'assiette
d'une ville gauloise.

RÉSUMÉ DES PREMIÈRES OPÉRATIONS.

Nous n'irons pas plus loin dans l'examen des premières opérations militaires de l'an 702, les opérations ultérieures se trouvant clairement racontées dans l'*Histoire de Jules César* de Napoléon III. Nous nous bornerons à résumer les précédentes explications.

César était en Italie lorsqu'il apprit l'insurrection des peuples de la Gaule. Arrivé à Vienna (*Vienne* en Dauphiné), il n'a qu'une pensée : réunir le plus vite possible ses dix légions, divisées en trois groupes éloignés les uns des autres de cinq et de treize journées de marche. Il arrive chez les Lingons, où deux légions sont établies, et opère la concentration de l'armée sur ce groupe central, probablement à Châtillon-sur-Seine.

Vercingetorix, informé de la réunion des légions, ramène son armée chez les Bituriges et va mettre le siège devant Gorgobina (*Saint-Parize-le-Châtel*), ville des Boïens, sise entre la Loire et l'Allier.

Dans l'intervalle, César porte ses légions sur Agedincum (*Sens*) où il avait eu plus de la moitié de l'armée en quartiers d'hiver, et qui était par conséquent sa place de dépôt. Le soulèvement de la Gaule et l'entreprise de Vercingetorix contre Gorgobina le mettent dans le plus grand embarras : il se décide à porter secours aux Boïens.

Il part d'Agedincum à la tête de huit légions, sans gros bagages, et marche, du nord au sud, par la route de Sens à Nevers, qui conduisait directement au pays des Boïens.

Le deuxième jour de marche il arrive à Vellaunodunum (*Toucy*), ville sénonaise insurgée. Pour pouvoir continuer sa marche vers les

Boïens sans laisser d'ennemis sur ses derrières, il entreprend le siège de Vellaunodunum; la place se rend le troisième jour.

Mais César a appris que Genabum (*Gien*), ville située sur la Loire, au pays des Carnutes, entrait dans la révolte. Toujours résolu à assurer ses derrières, il se détourne de la route de Sens à Nevers, marche de l'est à l'ouest sur Genabum, y arrive au bout de deux jours et s'en empare.

EXPLICATIONS ET REMARQUES.

Du trajet de César et de sa cavalerie depuis Vienne jusqu'à Châtillon-sur-Seine. — D'après le texte des *Commentaires*, César se fit escorter, à son départ de Vienne, par la cavalerie qu'il y avait envoyée d'avance, et, sans s'arrêter ni de jour ni de nuit, il se rendit à travers le pays des Éduens chez les Lingons. (*Guerre des Gaules*, VII, 9.) La route qu'il prit est probablement celle qui suivait la rive gauche du Rhône jusqu'à Lyon, longeait la rive droite de la Saône jusqu'à Chalon, et conduisait de là, par Sombernon et Alise-Sainte-Reine (*Alesia*), à Châtillon-sur-Seine où nous plaçons les deux légions qu'il voulait rejoindre. (Voir *page 142.*) Ce trajet est d'environ 340 kilomètres. La cavalerie, marchant jour et nuit, a pu le faire en six fois vingt-quatre heures. Si donc on fixe au 17 février le départ de Vienne, on voit que César a pu arriver à Châtillon-sur-Seine le 22 du même mois. (Voir *Tableau des dates*, page 159.)

Du temps nécessaire pour la concentration de l'armée. — César, dès son arrivée chez les Lingons, expédia des courriers à Sens et chez les Trévires pour que les légions qui s'y trouvaient vinssent le rejoindre au plus vite. Châtillon-sur-Seine, où nous croyons qu'il concentra l'armée, est à 122 kilomètres de Sens et à 300 kilomètres de la frontière des Trévires. Il fallait aux courriers vingt-quatre ou trente heures pour gagner Sens et soixante ou soixante-douze heures pour atteindre le pays des Trévires; d'autre part, les légions campées à Sens avaient besoin de cinq jours pour arriver à Châtillon-sur-Seine et celles qui hivernaient chez les Trévires

avaient besoin de treize jours. En supposant que ces dernières se soient
mises en route le lendemain de l'arrivée des courriers, on trouve qu'elles
ont pu être rendues au lieu de réunion le 10 mars. A cette date, l'armée
romaine aurait donc été concentrée à Châtillon-sur-Seine.

Du jour de l'arrivée de César à Vellaunodunum. — «Duabus Agedinci
legionibus atque impedimentis totius exercitus relictis, ad Boios proficiscitur. Altero die quum ad oppidum Senonum Vellaunodunum venisset... »
(*Guerre des Gaules*, VII, 10 et 11.) Comment faut-il comprendre ici le
altero die, expression toujours vague par elle-même; autrement dit, combien de marches l'armée romaine fit-elle depuis son départ d'Agedincum
jusqu'à son arrivée sous les murs de Vellaunodunum?

César ne s'est servi de l'expression *altero die* que deux fois dans les
sept livres de la *Guerre des Gaules* : d'abord dans le passage ci-dessus, et
ensuite au chapitre 68 du même septième livre. Il raconte, dans ce
chapitre 68, qu'ayant battu la cavalerie de Vercingetorix, il poursuivit
l'armée gauloise tant que le jour le permit; puis il ajoute : «altero die ad
Alesiam castra fecit.» Depuis que le lieu de cette rencontre est connu [1]
(c'est le champ de bataille de la Vingeanne; voir *Histoire de Jules César*, par
Napoléon III, tome II, page 255, édition de l'Imprimerie impériale), on

---

[1] La bataille se donna entre la butte de Montsaugeon et la Vingeanne. (Voir *planche 22*
de l'*Histoire de Jules César*, par Napoléon III.) On compte depuis là jusqu'au mont Auxois
65 kilomètres, mesurés à vol d'oiseau. Mais Vercingetorix, établi avec son infanterie sur
les hauteurs d'Occey, de Sacquenay et de Montormentier, se retira sur Alesia par Tilchâtel,
Is-sur-Tille, Courtivron, Chanceaux et Darcey : c'était un trajet de 72 à 73 kilomètres.
César, le jour du combat, le poursuivit jusqu'au soir. On peut admettre, selon toute vrai-
semblance, que cette poursuite fut poussée jusqu'à Tilchâtel, à 16 kilomètres du champ
de bataille. La distance de Tilchâtel à Alesia, mesurée très exactement par Is-sur-Tille,
Courtivron, Chanceaux et Darcey, ne doit pas s'estimer à moins de 58 kilomètres. Elle
représente deux journées de marche pour l'armée romaine.

La planche 22, déjà citée, figure un faux emplacement du camp de César, le soir de la
bataille. Il convient de reporter le camp vers Tilchâtel.

n'a plus aucun doute sur le sens qu'il faut ici attribuer aux mots *altero
die*. En effet, comme ce champ de bataille est à plus de 70 kilomètres
d'Alise-Sainte-Reine (*Alesia*), et que l'armée de César, même eût-elle
poursuivi Vercingetorix l'espace de 15 à 16 kilomètres, se fût encore
trouvée, le soir du combat, à 58 kilomètres du mont Auxois, elle
n'aurait pu, dans aucun cas, y arriver le lendemain. Elle n'y campa donc
que le surlendemain, et par conséquent César a voulu désigner par l'expression *altero die* le second jour de marche qui suivit le jour de la
bataille.

Nous croyons que l'*altero die* est employé avec cette même signification
dans la première phrase du chapitre 11 : César commence par dire qu'il
laissa les bagages de l'armée à Agedincum, et, n'envisageant plus que les
jours de marche écoulés depuis son départ, il écrit : « Altero die quum
ad oppidum Senonum Vellaunodunum venisset... » L'armée fit donc deux
étapes pour atteindre cette ville des Sénonais.

Vellaunodunum — Toucy. — Nous proposons d'identifier Vellaunodunum avec Toucy. La ville gauloise aurait couvert une partie de la
vieille ville actuelle, et spécialement celle où se trouvent l'église Saint-
Pierre et les ruines du château épiscopal. Ceux qui reconnaîtront avec
nous que César, parti d'Agedincum, suivit, pour se porter au secours des
Boïens, la route de Sens à Nevers, adopteront sans aucun doute cette
identification; car elle remplit toutes les conditions exigées par le récit
des *Commentaires*, conditions locales, de distance et de temps.

Les savants du département de l'Yonne, que cette question doit intéresser plus particulièrement, ont peut-être un moyen d'arriver à la certitude : ce serait de faire pratiquer des fouilles pour retrouver les fossés
des camps et de la contrevallation des Romains. César raconte qu'il employa deux jours à investir Vellaunodunum. (*Guerre des Gaules*, VII, 11.)
Or nos explorations personnelles nous portent à croire qu'il établit trois

camps autour de la place, dont un camp principal sur la hauteur qui,
à l'est de la route de Joigny, domine la vieille ville de Toucy, et deux
autres sur les pentes qui descendent vers la rive gauche de l'Ouanne. Ces
derniers seraient difficiles à retrouver parce que les terrains situés sur la
gauche de la rivière se couvrent de nouvelles constructions dont le nombre
augmente incessamment; mais il serait facile de faire des fouilles sur la
hauteur du nord, au-dessus de la vieille église où, selon nous, César
posa son camp principal.

Genabum — Gien. — On a pu se convaincre par notre exposé des premières marches de César, exposé déduit des *Commentaires,* qu'il faut
renoncer à placer Genabum à Orléans qui, soit dit d'ailleurs en passant,
ne satisfait nullement, par sa position privée de toute défense naturelle,
aux conditions d'emplacement d'une ville gauloise. Genabum ne peut
s'identifier qu'avec le Gien actuel, situé au bord de la Loire, dans une
position naturellement fortifiée. Peut-être découvrira-t-on, un jour ou
l'autre, les traces des fossés du camp que les troupes de l'armée romaine
retranchèrent à leur arrivée sous les murs de la place. (*Guerre des Gaules,*
VII, 11.) Ce camp fut sans doute établi à l'est de Gien, sur les hauteurs
de Montbricon.

Le récit des *Commentaires,* chapitre 11, montre, à n'en pas douter, que
Genabum, comme aujourd'hui Gien, touchait à la Loire et au pont qui
joignait la ville à la rive gauche. Il faut donc lire : « quod oppidum Genabum pons fluminis *contingebat* », et non pas *continebat,* comme Nipperdey
l'a proposé.

De l'erreur des écrivains militaires. — La principale erreur des auteurs
qui ont écrit sur les premières opérations de la guerre de 702 est d'avoir
cru que l'armée romaine marcha, dès son départ d'Agedincum, vers le
sud-ouest sur Genabum (*Orléans* selon les uns, *Gien* selon les autres),

tandis qu'elle se dirigea droit, du nord au sud, par la route de Sens à Nevers, vers le confluent de la Loire et de l'Allier, c'est-à-dire vers le pays des Boïens, comme l'indique nettement le texte *ad Boios proficiscitur*. Ces écrivains raisonnent comme si les Carnutes avaient organisé la résistance de Genabum avant que César ne partît d'Agedincum, et comme s'il était possible qu'il eût songé dès ce moment-là à soumettre Genabum. Or le chapitre 11 est formel : les Carnutes n'entreprirent de composer une garnison pour défendre cette place que quand ils surent que l'armée romaine assiégeait Vellaunodunum. Cette tentative de révolte, connue de César pendant le siège de la ville sénonaise seulement, est tout juste la raison qui l'obligea à marcher de là sur Genabum ; mais il ne pouvait pas savoir, à son départ d'Agedincum, qu'il aurait à soumettre la ville des Carnutes.

En conséquence de leur erreur, les écrivains militaires placent Vellaunodunum dans des lieux où cette ville gauloise n'a pu se trouver située. Ceux qui tiennent pour Genabum-Orléans ont proposé Ladon et Château-Landon ; mais nous avons déjà montré ce qu'a d'insoutenable l'identification de Genabum avec Orléans. Ceux qui tiennent pour Genabum-Gien placent Vellaunodunum ou à Triguères ou à Montargis. Aux raisons déjà présentées pour exclure toutes les localités à l'ouest de la route de Sens à Nevers, il est presque inutile d'ajouter que ni Triguères ni Montargis ne satisfont l'esprit sous le rapport des distances qui séparent ces deux villes de Sens, point de départ de l'armée romaine. On compte en effet 83 kilomètres de Sens à Gien par Triguères, et 87 kilomètres de Sens à Gien par Montargis. L'armée romaine, qui fit quatre étapes pour atteindre Genabum, n'aurait donc opéré qu'à raison de 21 ou 22 kilomètres par jour, ce qui est inadmissible ; car elle marchait sans bagages pour être plus mobile, et César avait hâte d'arriver au secours des Boïens. (*Guerre des Gaules*, VII, 12 : « ut celeritate reliquas res conficeret, qua pleraque erat consecutus ».)

Nous répétons encore une fois que Vellaunodunum était certainement située sur la route de Sens à Nevers, à deux journées de marche, c'est-à-dire environ à 6o kilomètres de Sens, et que la ville de Toucy satisfait si bien aux conditions voulues par le texte latin, que toute autre identification nous paraît injustifiable.

TABLEAU DE DISTANCES

POUR L'INTELLIGENCE

DES PREMIÈRES OPÉRATIONS DE L'AN 702.

	kilomètres.
De Vienne à Châtillon-sur-Seine	34o
De Châtillon-sur-Seine { à Sens	122
{ à la frontière des Trévires	3oo
De Sens à Joigny	3o
De Joigny à Toucy	31
De Sens à Toucy	61
De Toucy à Gien, par Saint-Fargeau, Bleneau et Ouzouer	6o
De Gien à Orléans	64
De Sens { à Nevers, par Joigny, Toucy, Entrains et la Charité	16o
{ à Gien, par Courtenay et Triguères	83
{ à Gien, par Montargis	87
{ à Orléans, par Château-Landon et Beaune-la-Rolande	115
De Sens à Triguères	4o
De Triguères à Gien	43
De Sens à Montargis	52
De Montargis à Gien	35
De Sens à Ladon	67
De Ladon à Orléans	54
De Sens à Château-Landon	46
De Château-Landon à Orléans	69

TABLEAU DES DATES.

TABLE DES MATIÈRES.

GUERRE DE CÉSAR ET D'ARIOVISTE.

DÉTERMINATION DU CHAMP DE BATAILLE.

PRÉAMBULE.

RELATION DE LA GUERRE DE CÉSAR ET D'ARIOVISTE.

EXPLICATIONS ET REMARQUES.

PREMIÈRES OPÉRATIONS DE CÉSAR

EN L'AN 702.

EXPLICATIONS ET REMARQUES.

TABLE DES CARTES ET DES PLANCHES.

CARTE GÉNÉRALE POUR LA GUERRE D'ARIOVISTE. Planche 1.

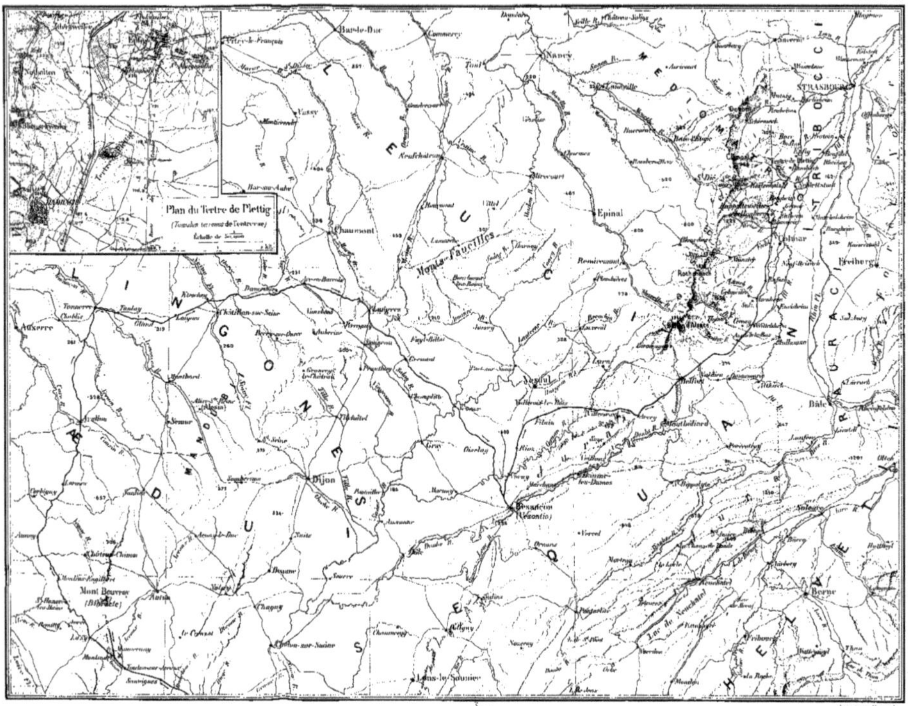

Échelle de $\frac{1}{800,000}$

0 10 20 30 40 50 60 70 80 90 100 150 200 kilomètres.

PLAN DU CHAMP DE BATAILLE DE CÉSAR ET D'ARIOVISTE.

Kilomètres.
Échelle de 1:15,000
Milles romains
Imprimerie Nationale.

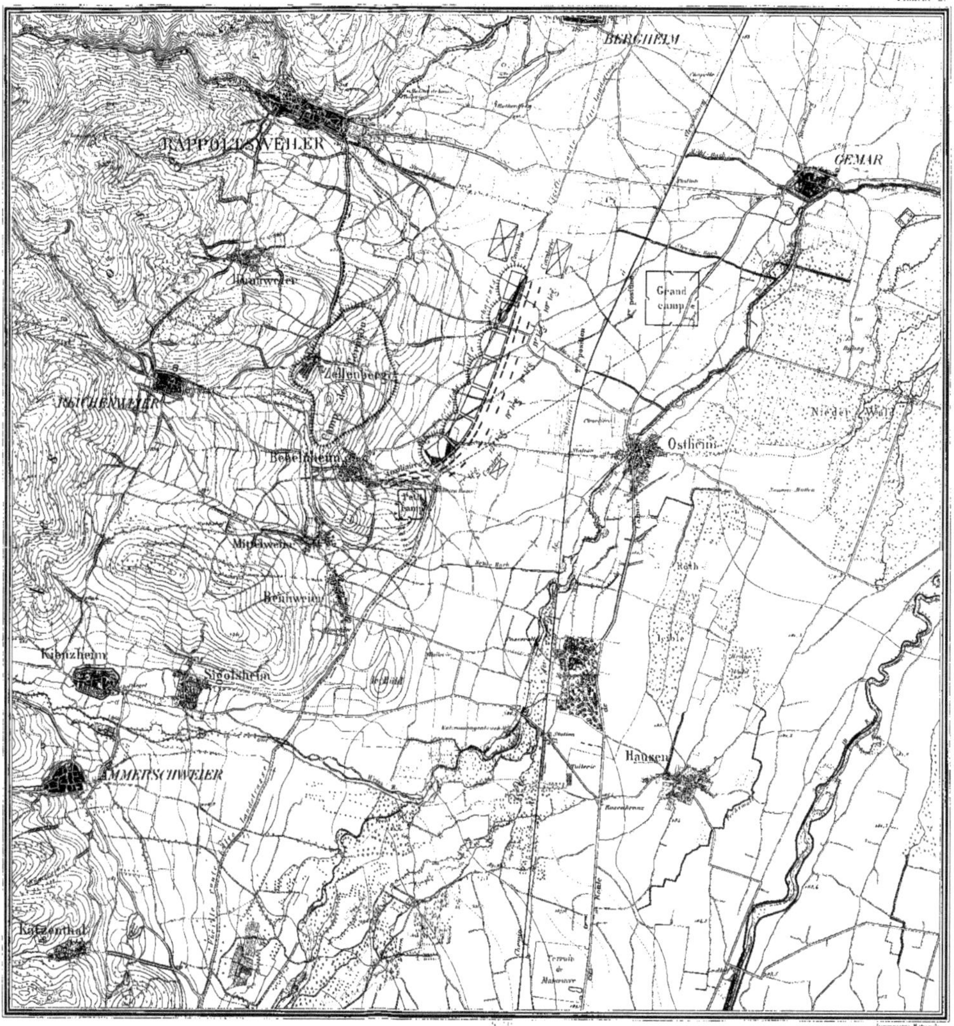